Pfälzer Kinder Bibel

herausgegeben vom
Förderverein Kindergottesdienst
in der Pfalz e.V.

1

EVANGELISCHER
PRESSEVERLAG
PFALZ GMBH

KIRCHE MIT KINDERN

Impressum
Pfälzer Kinder Bibel
2. Auflage 2005

Herausgegeben vom Förderverein Kindergottesdienst in der Pfalz e.V.
Redaktion: Heinz Scheuermann, Urd Rust, Cordula Schürmann
Umschlagmotive: Kindergarten Einöd (Kachelrelief zur Josefsgeschichte)
Fotos: Agentur Jo Steinmetz, Hornbach
Gesamtherstellung, Gestaltung: Evangelischer Presseverlag Pfalz GmbH
Reprografie, Composing: Scantech GmbH, Speyer
Druck, Bindung: Progressdruck GmbH, Speyer
ISBN: 3-925536-90-6

Inhaltsverzeichnis

Eine Bibel von Kindern für Kinder

Am Anfang stand eine Idee. Wie wäre es, dachte ich, wenn ich aus Anlass des Jahres der Bibel 2003 eine Pfälzer Kinderbibel herausgeben könnte? Aber gleich kamen Zweifel auf. Gibt es nicht schon genug theologisch und pädagogisch gut aufbereitete Kinderbibeln? Aber dann fielen mir die vielen kunstvoll gestalteten Bilder von Kindergottesdienstkindern ein und auch die Erzählungen der Kinder, die oft genug schwierige Sachverhalte in der ihnen eigenen Art auf den Punkt brachten. Viele Kindergottesdienstmitarbeiterinnen und -mitarbeiter werden mir beipflichten: Kinder sind kleine Theologen und Philosophen. All diese Überlegungen im Kopf, blieb es dann doch beim Vorsatz, eine Pfälzer Kinderbibel herauszubringen. Dieses Vorhaben fand im Kreis der Dekanatsbeauftragten für die Kindergottesdienstarbeit unserer Landeskirche sofort große Zustimmung. Im „Rundbrief" wurden die Mitarbeiterinnen und Mitarbeiter in den Kindergottesdiensten gebeten, mit ihren Kindern an dem ausgeschriebenen Wettbewerb teilzunehmen. Am Anfang gingen nur sehr spärlich Beiträge ein. Dann aber kamen sie, die Kunstwerke der Kinder: Herrliche Bilder und selbst nacherzählte Geschichten aus dem Alten und Neuen Testament. Jeder, der diese von den Kindern selbst gestaltete Bibel in die Hand nimmt, wird sich selbst von der Einmaligkeit und auch Sorgfalt, mit der die Bilder gestaltet wurden, überzeugen können.

Auch die Verschiedenartigkeit der Techniken fasziniert. So kann also ein Werk vorgelegt werden, das sicher in der Reihe der Kinderbibeln einen besonderen Platz einnehmen wird. Die Pfälzer Kinderbibel ist also eine Bibel von Kindern für Kinder. Aber selbst Erwachsene werden ihre Freude daran haben, da bin ich mir sicher.

Manche liebgewordenen Geschichten der Bibel werden vielleicht vermisst. Das liegt daran, dass wir nur die Beiträge aufnehmen konnten, die uns von den Kindern eingereicht wurden. Einige Texte wurden mehrfach bearbeitet. Wir wollten die Kinder nicht enttäuschen und nahmen möglichst viele auf.

Bei aller Lückenhaftigkeit kann dennoch, denke ich, mit dieser Bibel gut gearbeitet werden. Sie eignet sich als Geschenk für Kinder, aber auch für Erwachsene.

Dass diese Bibel rechtzeitig zum Kindergottesdiensttag für Mitarbeitende am 15. Mai 2004 fertiggestellt und damit einer breiten Öffentlichkeit von Fachleuten zur Kenntnis gebracht werden konnte, ist dem großen Einsatz von Urd Rust und Cordula Schürmann bei den vorbereitenden Arbeiten zu verdanken. Mein Dank gilt auch den Herren Werle und Schumacher vom Evangelischen Presseverlag für die gute Beratung bei der Erstellung der Bibel.

Bedanken möchte ich mich auch bei Herrn Oberkirchenrat Christian Schad, der gleich bei Bekanntgabe des Vorhabens seine Unterstützung zugesagt hatte.

So kann ich mit großer Freude diese Pfälzer Kinderbibel der Öffentlichkeit übergeben und wünsche ihr einen gesegneten Gebrauch.

Heinz Scheuermann
Landespfarrer für die Kindergottesdienstarbeit

Kinder sind religiöse Entdecker

„In ihrer heutigen Gestalt ist die Bibel die einzige Stelle der Welt, von der Gott niemals weichen wird.“ Ein Satz des jüdischen Theologen und Philosophen Joshua Abraham Heschel. In der Bibel lesen und schauen wir das Heil. Sie zu erkunden, auf ihre Geschichten und Bilder zu hören, sich von ihnen bewegen zu lassen, prägt unseren Glauben. Die Bibel ist Grund, Ursache und Quelle für die Geschichte des Glaubens - und zugleich Lebewort, „eitel Lebewort“, wie Martin Luther sagt. Ortsangabe für eine unerschöpfliche Lebensfülle. Sie ist selbst voller Lebenserfahrung und weist ihrerseits in neue, gottgemäße Erfahrungen ein. „Allein die Erfahrung macht einen zum Theologen“, auch das eine Erkenntnis Martin Luthers, die sich dem lebenslangen Auslegen der Heiligen Schrift und Ausgelegtwerden durch sie verdankt.

Wer diese Kinderbibel zur Hand nimmt, merkt, dass und wie gerade Kinder Theologen, das heißt selbstständige religiöse Entdecker, sind. Leute, die Gott ansagen und zusagen, indem sie sich selbst mit biblischen Geschichten auseinander setzen und ihre ganz eigene Sichtweise als Nacherzählung, im Bild oder in einer anderen kreativen Gestaltung äußern und darbieten. Eine Bibel von Kindern nicht nur für Kinder, sondern auch für Erwachsene: für Mütter und Väter, Lehrer und Erzieherinnen, Paten und Großeltern. Der Umgang der Kinder mit der Lebensnähe der Bibel - und also mit Verfehlung und Vergebung, Angst und Befreiung, Klage und Lobpreis - zeigt: Sie lernen den Glauben, indem sie ihn weitersagen. Und dabei fließen ihre eigenen Ängste und Hoffnungen, ihre Phantasie, ihre Offenheit und Intuitionen mit ein. Sie eröffnen mit diesem Buch einen Raum, der uns einlädt, den gewiesenen Weg selbst zu erproben und auszuschreiten: zu hören, aber auch zu schmecken und zu sehen, wie freundlich unser Gott ist (vgl. Psalm 34, 9).

Sich vom Glauben der Kinder anrühren zu lassen, dazu leitet die Pfälzer Kinderbibel an. Ein Geschenk des „Jahres der Bibel 2003“ seitens des Kindergottesdienstes - und eine originelle Ausgestaltung des Mottos „Protestantisch. Pfälzisch. Profiliert“ im Jahr 2004, dem Jahr, in dem wir das Doppeljubiläum: „475 Jahre Protestation und 100 Jahre Gedächtniskirche Speyer“ feierten.

Mein Dank gilt zuerst den Kindern, die diese Bibel so wunderbar gestaltet haben, auch allen, die sie dabei begleiteten. Einer von ihnen soll heute ganz besonders erwähnt werden: Pfarrer Heinz Scheuermann, seit 1993 Inhaber des Pfarramtes für Kindergottesdienst der Evangelischen Kirche der Pfalz und als solcher unentwegt unterwegs als fröhlicher und mutiger, manchmal auch kämpferischer Anwalt für die Kinder. Selbst davon überzeugt, dass die Kirche die Kinder braucht, um von und mit ihnen zu lernen - und die Kinder die Kirche brauchen, die sich durch sie prüfen lässt, die für sie eintritt und sie in geprägten religiösen Landschaften beheimatet.

Am 15. Mai 2004, dem Tag des Ausscheidens von Pfarrer Scheuermann aus dem aktiven Dienst, wurde die Pfälzer Kinderbibel der Öffentlichkeit präsentiert. Abschiedsgeschenk und Vermächtnis zugleich. Möge - ganz im Sinne von Heinz Scheuermann - die Pfälzer Kinderbibel eine weite Verbreitung finden und ihrerseits dazu beitragen, dass unsere Kirche „wachse in allen Stücken zu dem hin, der das Haupt ist, Christus“ (Epheser 4, 15).

Christian Schad
(Oberkirchenrat)

Altes Testament

Die Entstehung der Welt

Die Schöpfung (I)

Am Anfang schuf Gott HIMMEL und Erde. Es gab nichts außer Wasser auf der Erde, doch Gott war da. Es war dunkel auf der Erde, was Gott nicht gefiel. Da sprach Gott: es werde Licht und es geschah so wie er es wollte. Das gefiel Gott sehr gut. Gott trennte das Licht von der Dunkelheit und nannte das Licht Tag und die Dunkelheit Nacht. So endete der erste Tag.

Nun wurde es wieder hell und der zweite Tag war da. So passiert das heute auch noch. Du gehst, wenn es dunkel wird schlafen und wachst am Morgen auf, wenn es wieder hell wird.

Nun schuf Gott am zweiten Tag den schönen blauen Himmel und die Wolken, die vorüberziehen. Am Abend wurde es wieder dunkel und der zweite Tag ging vorbei.

Am dritten Tag ließ Gott das Wasser sich an bestimmten Orten sammeln, so dass nun das Land sichtbar wurde und die großen Flüsse und Ozeane entstanden. Da das geschah, sah man das kahle Land. Das gefiel Gott nicht so sehr, so dass er viele Pflanzen auf der Erde wachsen ließ und die dadurch ein grünes Kleid bekam, das Gott sehr gut gefiel. So ging der dritte Tag auch zu Ende.

Am vierten Tag wollte Gott, dass es auf der Erde warm und hell wird. Er erschuf dann die Sonne für den Tag, die alles erhellte und erwärmte. An die Nacht dachte er auch und erschuf den Mond und die vielen Sterne, die wir in der Nacht leuchten sehen. So verging auch der vierte Tag.

Am fünften Tag erhellte die Sonne die Erde, auf der es noch ganz still war, so dass Gott die Fische im Wasser erschuf. Nun waren in den kleinen Seen und den großen Flüssen viele Arten von Fischen, Karpfen, Haifische und viele andere. Er erschuf aber auch Tiere, die unter dem Himmel hin und herfliegen, wie z.B. Rotkehlchen, Finken, Spatzen, Kanarienvögel, Adler, Wellensittiche, Störche und viele andere mehr. So endete der fünfte Tag.

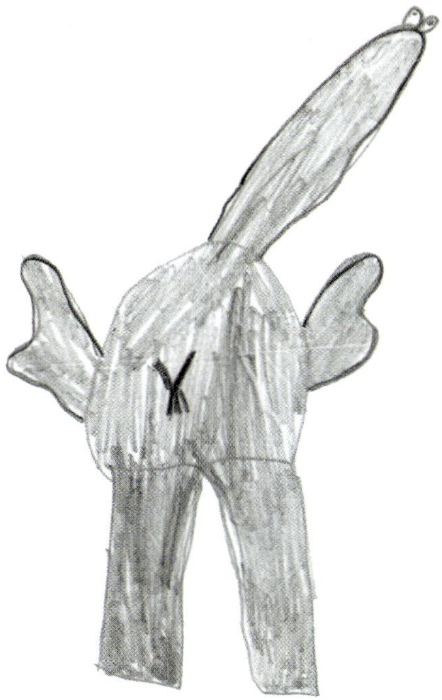

Am sechsten Tag erschuf Gott die großen Landtiere, wie Elefanten, Giraffen, Tiger, Leoparden, Löwen, Zebras und Katzen, Hase, u.v.a. Von diesen schuf Gott immer zwei, ein Männchen und ein Weibchen. Die Erde war nun schön und gut gefüllt, doch eines fehlte noch, der Mensch, der sich um all das kümmern soll, dass es erhalten bleibt. So formte Gott einen Körper mit zwei Beinen, mit zwei Armen, zwei Augen und Ohren, Mund und Nase.

Durch die Nase blies Gott seinen Atem in den Körper, der dann lebte. Es war Adam, der erste Mann, mit dem Gott nun reden konnte.

Adam gefiel alles, was Gott geschaffen hatte. Als nun Adam alle Tiere und Pflanzen gesehen hatte, merkte er, dass von allen Tieren immer zwei vorhanden waren, doch er war alleine. Das sagte er Gott. So ließ Gott Adam in einen Schlaf fallen und entnahm eine Rippe und formte daraus die Frau. Die nannte er Eva. So ging der sechste Tag zu Ende.

Am anderen Tag, dem siebenten Tag, sah Gott, dass alles ruhte, was er erschaffen hatte und dass es sehr schön und gut war. An diesem Tag ruhte Gott sich von seiner Arbeit aus und sagte, dass der siebte Tag der Woche ein Ruhetag für die Menschen sein soll. Sie sollen sich an diesem Tag von all ihrer Arbeit ausruhen. Das ist heute der Sonntag.

Die Schöpfung (2)

Am 2. Tag sprach Gott: „Ich will, daß über der Erde ein
Himmel ist. Wie er es sagte, so geschah es.
Ein Himmel spannte sich weit über die ganze Erde.
Mal ist er ganz blau, mal ziehen weiße Wolken über ihn hin
und manchmal ist er ganz schwarz.
Mit der Erschaffung des Himmels endete der 2. Tag.

Am 3. Tag sprach Gott: Auf meiner Welt soll es nicht nur
Wasser geben. Ich will, daß auch trockenes Land da ist.
So geschah es auch.
Alles Wasser auf der Erde sammelte sich an verschiedenen Plätzen.
Diese Wasser nannte er Meere und Flüsse. Das Trockene aber
nannte Gott Land.
Weil das Land aber so leer und langweilig aussah, sprach Gott:
„Auf der Erde will ich Pflanzen, Bäume und Sträucher wachsen
lassen.“ So geschah es.
Mit der Erschaffung von Wasser, Land und Pflanzen
endete der 3. Tag.

Am 4. Tag sprach Gott: „Jch will, daß Lichter am Himmel
An ihnen soll man Tag und Nacht unterscheiden könne
Und er formte die Sonne, die den Tag bescheint.
Er schuf den Mond und die Sterne, die den Himmel be
beleuchten.
Mit der Erschaffung von Sonne, Mond und Sternen ende
der vierte Tag

16

Am 5. Tag sprach Gott: Jch will, daß sich im Wasser Fische
tummeln. Jn der Luft sollen Vögel fliegen. Wie Gott es wollte,
so geschah es.
Mit der Erschaffung von Fischen und Vögeln endete der
5. Tag.

g sprach Gott: „Nicht nur im Wasser und in der Luft, auch
nst auf der Erde soll es Tiere geben, kleine und große,
nd wilde.
machen, das es auf der Welt geben soll: Ich will den Menschen
erschaffen.
Diese beiden sollen sich liebhaben und Kinder bekommen.
So soll eine große Welt von vielen Menschen entstehen.
Mit der Erschaffung des Menschen endete der 6. Tag.

Himmel und Erde geschaffen hatte,
r am 7. Tag aus.
die Schöpfung vollendet.
tt segnete diesen Tag und alles, was
affen hatte.

Eine andere Schöpfungsgeschichte

Vor langer Zeit schuf Gott den Menschen. Er nahm etwas Staub von der Erde und formte daraus den Körper eines Mannes. Er blies ihm den Hauch des Lebens in die Nase. Gott pflanzte den Garten Eden und setzte den Mann hinein. In der Mitte des Gartens setzte Gott zwei Bäume, nämlich den Baum des ewigen Lebens und der Baum, der Gutes und Böses unterscheidet. Gott sagte: „Du darfst von allen Bäumen essen, nur nicht von dem Baum, der Gutes und Böses unterscheidet. Er schickte alle Tiere in den Garten. Der Mensch gab ihnen Namen. Nach und nach merkte Gott, dass der Mann sich langweilte. Er versetzte ihn in einen tiefen Schlaf Gott entnahm ihm eine Rippe und schuf daraus eine Gefährtin. Sofort heilte er die Wunde des Mannes und holte ihn aus seinen Träumen in die Gegenwart zurück. Als er erwachte, stand vor ihm eine wunderschöne Frau! Lächelnd stand er auf und als die Frau das Lächeln erwiderte, waren sie unzertrennlich. Das schlauste Tier, das Gott geschaffen hatte, war die Schlange. Eines schönen Tages ging die Frau im Garten spazieren. Da kam die Schlange auf sie zu. Diese fragte: „Von welchem Baum dürft ihr nicht kosten?" „Von dem Baum da drüben, der Baum der Gutes und Böses unterscheidet", antwortete die Frau. „Was?", empörte sich die Schlange, gerade von diesem Baum dürft ihr nicht essen?" „Ja, Gott hat gesagt, wenn wir diese Frucht essen oder sie nur anrühren, werden wir sterben. „Ha, ha, ha", lachte die Schlange, „Gott hat nur gesagt, dass ihr davon nichts essen dürft, weil ihr dann genauso werdet wie er." „Hier, probier doch mal", sagte sie und hob der Frau eine Frucht vor die Nase. Vorsichtig probierte die Frau. Als ihr Mann dazu

kam, reichte sie auch ihm die Frucht.

Die Menschen müssen das Paradies verlassen!

Doch plötzlich wurde ihnen klar, dass sie nackt waren. Sie nahmen sich ein paar Blätter und kleideten sich damit ein. Da hörten sie Gottes Stimme im Garten wiederhallen und von der Furcht erfasst, versteckten sie sich. „Wo seid ihr?" rief Gott. Da trat der Mann aus dem Gebüsch und sagte: „Es tut mir leid Gott, aber ich war nackt und wollte nicht unter deine Augen treten"

„Warum bist du nackt?", fragte Gott den Mann. Die Frau, die du mir geschickt hast, reichte mir eine Frucht von dem Baum, der Gutes und Böses Unterscheidet. Nun wandte sich Gott an die Frau. „Warum hast du das getan?" „Es war nicht meine Schuld", wehrte sich die Frau. „Die Schlange sagte, ich könne die Frucht essen". Schließlich sprach Gott zu der Schlange: „Zur Strafe musst du dein Leben lang auf dem Boden kriechen." Danach trieb er die Menschen aus dem Garten und ließ das Tor zum Garten Eden von Engeln mit feurigen Schwertern bewachen.

Die Mütter- und Vätergeschichten

Noah

In der letzten Zeit hatte es viel geregnet. Auf den Bergen hatten die Menschen die Wälder abgeholzt, das Wasser lief gleich in die Täler und hatte Felder und Wiesen überschwemmt. Noah machte sich Sorgen. Er hatte Angst um seine Familie: seine Frau, seine Söhne, seine Schwiegertöchter und die Kinder. Noah dachte viel nach und bekam eine gute Idee von Gott: Er baute mit seinen Söhnen ein großes Schiff, seine Arche aus Holz, dichtete es innen und außen mit Pech ab und baute verschiedene Räume ein.

Das Schiff war 150 Meter lang, 25 Meter breit und 15 Meter hoch. Er machte ein Dach darüber, zog 2 Zwischendecken ein, sodass es dreistöckig wurde, und brachte an der Seite eine Tür an. „Das kann uns retten", dachte er.

Und er ging mit seiner Frau, seinen Söhnen, Schwiegertöchtern und Enkeln auf seine Arche. Dann nahm er von allen Tieren ein Männchen und ein Weibchen mit, damit sie gerettet werden. Ich will, dass das Leben erhalten bleibt, dachte er. Und er nahm für Mensch und Tier genug zu essen und zu trinken mit. Und sieben Tage später begann die große Flut. Vierzig Tage und Nächte lang sollte es in Strömen regnen.

Das Wasser stieg immer höher und hob die Arche vom Boden ab. Noah und alle, die bei ihm in der Arche waren, wurden gerettet. 150 Tage lang stieg das Wasser, dann wehte ein Wind über das Wasser und ließ es fallen. Dann setzte die Arche auf dem Gipfel des Ararat-Gebirge auf.

Nach 40 Tagen öffnete Noah das Fenster und ließ eine Taube fliegen, um zu erfahren, ob das Wasser abgeflossen war. Sie fand keine Stelle, wo sie sich niederlassen konnte; denn die ganze Erde war noch von Wasser bedeckt.

Deshalb flog sie zur Arche zurück. Noah streckte die Hand aus und holte sie wieder herein. Er wartete noch einmal sieben Tage, dann ließ er die Taube zum zweiten Mal fliegen. Diesmal kam sie gegen Abend zurück und hielt ein frisches Blatt von einem Ölbaum im Schnabel. Er wartete noch einmal sieben Tage, dann ließ er die Taube zum dritten Mal fliegen und diesmal kehrte sie nicht mehr zurück.

Noah öffnete das Dach und hielt Ausschau. Da sah er, dass auf der Erde kein Wasser mehr stand. Da ging Noah mit seiner Familie aus der Arche und auch die Tiere kamen heraus, alle die verschiedenen Arten. Und Noah dankte Gott für die gute Idee mit der Arche. Und als er nach den Regenwolken und der Sonne schaute, da sah er den Regenbogen.

Und er sagte zu seiner Familie: „Das ist ein Zeichen von Gott. Er will uns sagen, solange die Erde besteht, gibt es immer wieder Aussaat und Ernte, Frost und Hitze, Sommer und Winter, Tag und Nacht. Das soll für alle Zeiten gelten. Als Zeichen dafür seht ihr den Regen-Bogen in den Wolken."

Die Menschen wollen einen Turm bauen bis an den Himmel

Aber das hat nicht geklappt

Die Menschen wollen einen Turm bauen bis an den Himmel...

Die Sarah ist mit der Mama spazieren gegangen. Da haben sie eine Ruine gesehen. Das ist ein altes, kaputtes Gebäude, das zusammengekracht ist. Dann ist da nur noch ein grosser Steinhaufen. Da hat die Sarah zu der Mama gesagt: „Warum liegen da so viele Steine? Was ist das?“. Und da hat die Mama eine Geschichte gewusst:
Vor ganz vielen Jahren sind Leute daher gekommen. Die haben dann gesagt: „Was wollen wir denn hier machen? Wollen wir hier bleiben?“ „Ja, wir können ja eine Stadt bauen und einen Turm dazu.“ „Dazu brauchen wir aber viele Steine und Matsch, um die Steine zu kleben.““Und der Turm der soll so gross sein bis in den Himmel.“ Die wollten nämlich so wie Gott sein. Aber ich glaub ja nicht, dass das geklappt hätte. „Wo kriegen wir jetzt die Steine her, die wir brauchen? „Da müssen wir überall suchen gehen.“ Und von überall haben sie die Steine ran geschleppt.

ZUERST HABEN SIE GANZ VIELE STEINE GEHOLT, UND NOCH MEHR UND NOCH MEHR. UND ALLE STEINE HABEN SIE AUF EINEN HAUFEN GESAMMELT. DA HABEN SIE SCHON SCHWER GESCHLEPPT!

Sie haben ein Loch gegraben und haben sich überlegt, wie der Turm sein soll. Und dann haben sie angefangen mit Bauen. Alle haben mitgemacht und gebaut. Stein auf Stein haben sie gebaut. Das ging noch ganz gut.

UND BAUEN MACHT HUNGRIG. DANN HABEN SIE EINE PAUSE GEMACHT UND BAUARBEITER-BROTE GEGESSEN.

SOOOOO GROSS SOLLTE DER TURM WERDEN BIS AN DEN HIMMEL. DANN WOLLTEN SIE SO SEIN WIE GOTT. UND SIE HABEN SICH ALLE DRAUF GEFREUT.

Aber dann gab es plötzlich Ärger. Die einen wollten einen viereckigen, die anderen einen runden Turm. Die einen wollten Treppen, die anderen vielleicht einen Aufzug. Der eine sagte: „Wie sieht denn der Turm aus? Gar nicht so, wie ich mir gedacht habe. Das ist aber blöd!“ „Der sieht ja ganz schief aus! Das ärgert mich!“ Und weil es eine so geärgert hat, hat sie es einfach umgeschmissen. Da haben andere gesagt: „Dann will ich meins auch kaputt machen“ Und es gab einen Riesenärger und einen Krach.

„ES IST GAR NICHT MEHR SCHÖN, ICH GEHE!" SAGTEN SIE UND GINGEN ALLE GANZ WEIT AUSEINANDER. UND DANN IST NUR NOCH DER STEINHAUFEN ÜBRIG GEBLIEBEN, DEN SARAH UND IHRE MAMA GESEHEN HABEN.

ABER WENN WIR DAMALS GEBAUT HÄTTEN, DANN HÄTTE ES VIELLEICHT BESSER GEKLAPPT. GUCK, WIR BAUEN JETZT EINEN **RICHTIGEN** TURM.

DIE KINDER IM MINI-GOTTESDIENST AM 6.NOVEMBER 2003 IN MASSWEILER

GOTT ruft ABRAHAM

Vor langer Zeit lebte Abraham.
Er wohnt in der Stadt Haran nur mit seiner Frau Sarah.

Sie haben viele Tiere:
Schafe, Kühe, Ziegen und Kamele.

Viele Knechte kümmern sich um die Tiere und das Land. Abraham und Sarah sind schon alt. Sie haben keine Kinder. Darüber ist Abraham manchmal traurig. Und Sarah auch.
Gott sagt eines Tages zu Abraham: Geh weg von hier. Geh in ein anderes Land. Ich zeige es dir. Ich will ein großes Volk aus dir machen. Ich will dich segnen. Und alle Menschen sollen gesegnet sein. Durch dich. Alle Menschen auf der ganzen Erde.

Abraham hat auf Gott gehört. Gott war sein Freund. Er macht sich auf den Weg. Sarah geht mit und Lot. Lot ist der Sohn seines Bruders. Auch alle Knechte und die Tiere gehen mit.
Sie ziehen über Berge und durch die Wüste.
Endlich kommen sie in das Land Kanaan. Bei einer großen Eiche schlägt Abraham die Zelte auf. Gott sagt zu ihm: Das Land soll dir und deinen Nachkommen gehören. Ich gebe es dir.

Abraham wundert sich. Wie soll er Nachkommen haben?
Er hat doch keine Kinder. Gott hilft mir.
Er ist mein Freund, denkt Abraham.
Abraham baut Gott einen Altar. Er will danke sagen.

Streit mit Lot

Jeden Morgen stand Melech schon mit dem ersten Sonnenstrahl auf. Er lebte mit seinem Großvater in einem Zelt in den Bergen. Melech konnte von hier aus gut den Jordanfluß sehen. Er musste auf viele Tiere aufpassen. Für sie suchte er einen Weideplatz. Dort blieben sie den ganzen Tag. Sie sollten sich satt fressen. Abends trieb Melech die Tiere in den Pferch zurück, damit sich keines verlaufen konnte. Die vielen Tiere gehörten Abraham. Es waren so viele, dass Abraham Hirten anstellte. Sie halfen ihm und versorgten die Herden. Am Abend saßen die Hirten oft vor ihren Zelten und unterhielten sich. Auch Melech saß vor dem Zelt. Er schaute seinem Großvater zu, wie er Pfeife rauchte.

An diesem Abend schaute Melech recht mürrisch drein. He, rief der Großvater, was machst du denn für ein trübseliges Gesicht? Ist dir eine Laus über die Leber gelaufen? Ach, antwortete Melech, weißt du was mir heute passiert ist? Ich habe mich mit meinem besten Freund geprügelt. Was? fragte der Großvater ungläubig, du hast dich mit Simri

gestritten? Wie ist denn das zugegangen?

Pass auf, sagte Melech traurig. Heute morgen bin ich losgezogen, um einen Weideplatz zu finden. Endlich fand ich frisches, grünes Gras. Sogar eine Wasserstelle war da. Nach ein paar Stunden sah ich jemanden den Hügel herunterkommen. Es war Simri, mein Freund. Ich freute mich, denn mir war's alleine recht langweilig. Aber als Simri näher kam, merkte ich, dass er sehr ärgerlich war. Ich fragte ihn: Was hast du denn? Da erzählt Simri: Den ganzen Tag suche ich einen Weideplatz, doch umsonst. Ihr zertrampelt mit euren Tieren die besten Weideplätze. Für uns bleibt nichts übrig. Du weißt ja, Großvater, Simri gehört zu Lot's Mannschaft. Lot hat auch viele Tiere. Simri sagte: Zieht doch weiter mit euren Tieren, dann ist endlich Platz für uns! Großvater, du verstehst bestimmt, dass ich das nicht auf mir sitzen lassen konnte. Ein Wort gab das andere. Wir schrien uns an.

Es wurde sehr laut, das hörten die anderen Hirten. Sie kamen herbei. Mit Gewalt zerrten sie uns auseinander. Plötzlich waren Lot's Hirten alle auf Simris Seite und Abrahams Hirten hielten zu mir. Auf einmal liefen alle auseinander. Auch Simri war weg.

O weh, sagte der Großvater nach einer Weile. Da habt ihr um etwas sehr wichtiges gestritten. Wir haben tatsächlich nicht genug Weideplätze. Die Viehherden sind einfach zu groß geworden.

Aber, pass auf, Melech, ich kenne Abraham gut. Morgen gehe ich zu ihm. Ich werde ihn um Rat fragen. So kann es nicht weitergehen. Die Streitereien sind unerträglich.

Das war ein langes Gespräch. Erst jetzt merkten die beiden, dass es schon spät geworden war. Schnell legten sie sich schlafen. Am nächsten Tag führte Melech seine Herde wie immer zur Weide. Die Stunden vergingen so langsam.

Was würde der Großvater heute abend zu erzählen haben? So fragte sich Melech immer wieder. Endlich konnte er zum Zelt des Großvaters laufen.

Großvater, warst du bei Abraham? fragte Melech. Ja, sagte der Großvater. Hast du mit ihm geredet? Ja. Hast du etwas erreichen können? Ja. Nun war Melechs Geduld zu Ende. Nun erzähl schon! bat er den Großvater.

Sieh, als ich zu Abraham kam, war Lot auch gerade dort. Nun konnte ich beiden berichten, was du gestern erlebt hast. Danach stellte ich fest, Lot und Abraham überlegten genau: was können wir tun?

Da trat Abraham vor sein Zelt. Vor uns lag das weite Land.

Da begann Abraham: Du, Lot, laß doch nicht Streit sein zwischen dir und mir. Wir gehören doch zusammen. Lot stand ganz still da. Da fing Abraham wieder an: Wir müssen uns trennen, sonst hört der Streit nie auf. Du kannst wählen zwischen dem guten Weideland und der hügeligen Sandsteppe. Gehst du nach rechts, so werde ich auf die linke Seite ziehen. Ziehst du nach links, dann ist mein Platz auf der rechten Seite.

Als der Tag der Abreise kam, besuchte Simri nochmals Melech. Du, sagte Simri, ich wollte dir auf Wiedersehen sagen. Laß uns den Streit vergessen. Wir wollen doch Freunde bleiben, oder ?

Plötzlich wurde Lot lebendig: Ich wähle das fruchtbare Land. Danke, Abraham!
Das bedeutet, Melech, dass die Hirten sich schon bald mit Lot auf den Weg machen werden. Jetzt braucht ihr nicht mehr um den Brunnen zu streiten und um die Weideplätze.

Klar, sagte Melech, wir bleiben Freunde. Behüt dich Gott! Danke, sagte Simri und lief schnell zu seinen Leuten, die schon ungeduldig warteten.

Josef

Josef

Die Josefsgeschichte, erzählt von den Kindern der protestantischen Kindertagesstätte Einöd.

Das ist Jakob. Er hatte mehrere Ehefrauen. Die Rahel war die Lieblingsfrau von Jakob. Jakob hatte viele Söhne. Zwölf Söhne und eine Tochter. Rahel ist gestorben nach der Geburt von Benjamin. Josef und Benjamin waren die Lieblingssöhne von Jakob, weil die Mama die Rahel war.

Jakob hatte auch Dienerinnen. Sie haben geputzt, Geschirr in den Schrank geräumt und Kleider, gekocht, geschrubbt und gewaschen. Viele Menschen waren beim Josef, beim Benjamin und beim Jakob, die Herden und die Ziegen und die Schafe. Das Volk von Jakob lebte in Kanaan. Jakob und sein Volk glaubten nur an einen Gott. Sie haben in Zelten gewohnt. Sie sind von einem Ort in den anderen gezogen. Das nennt man Nomadenleben.

Die Leute mussten viel arbeiten. Das Zelt mitnehmen, einpacken, aufbauen, Geschirr einpacken. Die Tiere mussten Futter finden. Die Leute mussten viel herumschleppen, laufen. Auch die Söhne von Jakob mussten viel arbeiten. Nur Benjamin und Josef mussten nicht so viel arbeiten. Weil es die Lieblingssöhne

waren. Und der Benjamin war zu klein. Josef musste nie viel arbeiten. Die anderen Brüder waren neidisch. „Immer muss der Josef nicht arbeiten! Immer verpetzt er uns beim Vater! Und er muss sich immer überall einmischen!“ „Der böse Josef! Ich könnt ihn fast umbringen.“ „Ich könnt ihn fast verhauen. Ich hasse ihn!“ „Ich auch.“ „Ich auch.“
Die Brüder haben für die Schafe gesorgt. Und für die Ziegen und für die Kamele. Als sie mit der Arbeit fertig waren, gingen sie ins Zelt. „Ach, wir sind so müde, und wir haben so viel gearbeitet. Und wir sind hungrig und durstig!“ „Ach, was für ein schönes Kleid! Was für ein schönes, schönes Hemd! Oh, das ist so weich, das Hemd, und so ein schöner Stoff, mit Gold und Blau, und es glitzert!“

„ Ich bin so neidisch.“ „Wem gehört denn das Hemd?“ „Josef! Als Belohnung vom Vater!“ „So ein schönes Hemd hätte ich auch gerne, aber der Josef kriegt es mal wieder als Belohnung, weil er uns beim Vater verpetzt hat.“ „ Und wir müssen immer so hart arbeiten, auch wenn es regnet, und kriegen nichts.“

Benjamin war nicht wütend, er hat auch manchmal über das Hemd gestreichelt. Es hat so weichen Stoff gehabt. Der Benjamin hat dem Josef verraten, warum die Brüder so neidisch waren.

Sie sagten: „Immer will der alles bestimmen! Immer will der Josef nie, nie arbeiten. Der Josef kriegt so ein schönes Hemd!“ Da waren die Brüder so böse und neidisch auf den Josef und wollten ihn loswerden.

Josefs Träume

Der Josef hatte den Brüdern seine zwei Träume erzählt. Josef war mit seinen Brüdern auf einem großen Kornfeld. Sie haben die Garben gebunden. Sie haben das Korn geschnitten und zu Garben gebunden. Josefs Garbe war größer als die Garben der Brüder. Die kleinen Garben haben sich vor der großen Garbe verbeugt. Als die Brüder diesen Traum gehört hatten, ärgerten sie sich. Sie sagten zu Josef: „Du willst nur unser König sein. Wir sollen deine Diener sein.“ Sie waren wütend auf den Josef, weil er so etwas geträumt hat. Josef hatte einen zweiten Traum. Er hat geträumt, dass sich elf Sterne vor ihm verbeugt haben. Und die Sonne und der Mond haben sich auch vor ihm verbeugt. Josef hatte diesen

Traum seinem Vater erzählt. Auch sein Vater war wütend: „Sollen sich dein Vater und deine Mutter und deine elf Brüder vor dir verbeugen? Was sollen diese Träume wohl bedeuten?“

Josef im Brunnen

Die Brüder waren wütend, weil der Josef das schöne Kleid gekriegt hat und deshalb ist diese Geschichte passiert:

Der Vater Jakob hat gesagt, dass die Brüder die Schafe und Ziegen auf eine andere Weide bringen sollen. Josef und Benjamin durften zu Hause bleiben. Die Brüder machten sich dann auf den Weg mit den Schafen und Ziegen und als sie die Schafe und Ziegen in dem Tal hatten, legten sie zuerst noch eine kleine Pause ein. Da haben sie gegessen und getrunken. Dann ist der Josef gekommen. Der Juda hat den Josef kommen sehen. Der Juda hat den Brüdern gesagt: „Guckt mal, wer da kommt.“ Er hat Josef an dem schönen Kleid erkannt. „Na endlich habe ich euch gefunden“, sagte Josef. „Ich bin hier weil der Vater mich geschickt hat. Ich soll gucken, wie es euch geht und wie es hier läuft.“ „Da ist ja unser Träumer, was sollen wir jetzt mit ihm anfangen?“ sagte der Juda. „Tötet ihn und werft

ihn in den Brunnen." Ruben hat gesagt: „Das könnt ihr doch nicht machen, was würde da unser Vater sagen!" „Doch, wir werfen ihn lebendig in den Brunnen", sagten die anderen. Sie haben sein Kleid verrissen und haben ihn in den Brunnen geschmissen.

Josef schrie als er in dem Brunnen war und rief: „Hilfe, Hilfe, das könnt ihr doch nicht machen mit mir, ich bin doch euer Bruder, es ist doch dunkel, holt mich heraus!" Juda drehte sich um und hielt sich die Ohren zu. Sie haben sich wieder hingesetzt und haben gegessen und getrunken. Dan und Naftali stehen vor dem Brunnen und unterhalten sich. „Hilfe, lasst mich raus", ruft Josef aus dem Brunnen. Immer schreit er so. „Was können wir machen?" Beide stehen vor dem Brunnen und überlegen. Von weitem sehen sie eine Karawane kommen.

Josef wird von seinen Brüdern an den Sultan und seine Karawane verkauft. Sie nehmen ihn mit nach Ägypten.

„Wer seid ihr?" „Wir sind eine Karawane." „Und wo kommt ihr her?" „Von Salamis, einer Stadt." „Wo geht ihr hin?" „Zum König in das Land Ägypten. Bei uns heißt der

König Pharao und das sind unsere Diener. Sie helfen dem Pharao, sie putzen, sie kochen, sie waschen und sie kehren. Wir haben sie für den Pharao gekauft.“ „Gekauft? Wir haben auch Einen, wollt ihr noch Einen?“ „Ist er auch schön kräftig, kann er arbeiten?“ „Ja“ „Dann holt ihn mal her!“ Dan und Naftali holten Josef aus dem Brunnen. Der Sultan betrachtet Josef. „Muskeln hat er, stark ist er auch. Wir nehmen ihn. Wir geben euch auch was: fünf Silberstücke!“ „Danke“. Als der Bruder verkauft war, setzten die Brüder sich hin. „Aber was wird unser Vater sagen?“ Da hatte einer der Brüder eine Idee: „Wir schlacht-en einen Ziegenbock, dann haben wir Blut und tauchen das Hemd hinein. Das zeigen wir dem Vater und sagen dass Josef von einem wilden Tier gefressen wurde.“ Genauso taten sie es. Sie nahmen das blutverschmierte Hemd und zeigten es dem Vater. Der schrie und weinte und zerriss selbst seinen schönen Mantel. Das war das Zeichen, dass er sehr traurig war. Die Brüder hielten das Geheimnis geheim und verrieten es niemand.

Josef in Ägypten

Josef, Potifar und Potifars Frau

Josef arbeitete bei Potifar, er brachte den Sklaven auf dem Feld Essen und Trinken. Potifar: „Josef komm zu mir. Du sollst für meine Frau im Haus arbeiten.“ Josef war einverstanden.

Potifars Frau: „Mein Mann ist nie zu Hause, kannst du mich umarmen?“ Josef: „Nein, das darf ich nicht.“ Potifars Frau: „Ich finde dich so schön, gib mir einen Kuss.“

Josef: „Nein!“ Potifars Frau schrie.

Potifar: „Was ist denn los?“ Potifars Frau: „Der Josef, der wollte mich küssen und umarmen.“ Potifar: „Das darf der doch nicht!“ Potifars Frau: „Und er hat in meinem Bett gelegen!“ Potifar: „Ins Gefängnis mit dir, Josef!“ Josef: „Was habe ich denn gemacht?“ Potifar: „Du hast meine Frau geküsst!“ Josef: „Nein das stimmt nicht.“ Potifar: „Ins Gefängnis mit dir!“ Josef: „Das hat gar nicht gestimmt, was sie gesagt hat, ich schäme mich, sie hat gelogen. Ich bin ganz traurig, aber Gott ist immer bei mir, auch im Gefängnis.“

Josef im Gefängnis

Der Kellermeister sitzt im Pharaogefängnis. Auch der Bäckermeister sitzt mit Josef und dem Kellermeister im Gefängnis. Beide hatten einen Traum. Der Kellermeister träumte von einem Weinstock. Der Weinstock hatte drei Zweige, Blüten, Blätter und Trauben. Er presste die Trauben in einen Becher aus, brachte den Becher dem Pharao. Der Kellermeister wollte von Josef wissen, was sein Traum bedeutet. In drei Tagen wird der Kellermeister aus dem Gefängnis geholt. Josef hat zum Kellermeister gesagt: „Vergiss mich nicht, wenn du wieder raus bist.“ Der Bäcker hatte einen Traum. Er hatte drei Brotkörbe auf dem Kopf und auf dem obersten waren drei Brötchen. Die Vögel haben die Brötchen aufgegessen. Der Bäcker wollte von Josef wissen, was dieser Traum wohl bedeute. Josef sagte, dass der Bäcker in drei Tagen sterben muss. Alles was Josef gesagt hat, stimmte. Josef blieb noch zwei Jahre im Gefängnis.

Josefs Brüder in Ägypten

Der Traum des Pharao

Der Pharao hatte geträumt. Er rief Traumdeuter, aber keiner konnte ihm helfen. Die Träume haben dem Pharao Angst gemacht. Der Kellermeister ist zum Pharao gekommen und hat erzählt: „Es gibt einen Sklaven im Gefängnis, der kann Träume deuten!" Der Josef sitzt schon lange im Gefängnis. Der Gefängniswärter ruft Josef zu dem Pharao. Josef sagt: „So kann ich aber nicht zu dem Pharao gehen, ich muss mir noch die Haare schneiden lassen und mir andere Klamotten anziehen. Vielleicht ist ja meine Gefängnisstrafe vorbei." Der Gefängniswärter führt Josef jetzt zum Pharao. Der Josef ist kein Traumdeuter, aber Gott hilft ihm, die Träume zu deuten. Der Josef sagt: „Erzähl mir mal deine Träume." Pharao: „In meinem ersten Traum habe ich von dicken Kühen, die aus dem Sumpf steigen, geträumt. Dann kamen noch sieben dünne Kühe, die die dicken auffressen. Aber sie werden nicht dick." Im zweiten Traum hat er von schönen dicken Ähren geträumt und von sieben dünnen Ähren. Josef sagt: „Beide Träume bedeuten das Gleiche. Die sieben dicken Kühe und die sieben dicken Ähren bedeuten sieben gute Jahre. Sieben dünne Kühe und sieben dünne Ähren, bedeuten schlechte sieben Jahre." Der Josef gibt dem Pharao einen Rat. Der Pharao soll sich einen Mann suchen, der ihm hilft. In den sieben guten Jahren soll viel Korn gesammelt werden, damit man in den sieben schlechten Jahren genug zu essen hat. Der Pharao ist froh, dass Josef ihm einen Rat gegeben hat. Er sagt: „Und du Josef, musst nun nicht mehr ins Gefängnis, weil du der Mann bist, der mir helfen kann. Ich mache dich zum obersten Verwalter." Der Josef ist froh, dass er nicht mehr ins Gefängnis muss. Er will Scheunen bauen und Vorratshäuser und Getreide einpflanzen, damit viel wächst und damit man in den Hungerjahren viel zu essen hat. Josef sagt: „Die Pläne sind gut. Im ganzen Land wird man von uns erzählen. Und vielleicht erfährt auch mein kleiner Bruder Benjamin davon und meine anderen Brüder und mein Vater, wo ich bin. Aber die werden nicht wissen, dass ich ihr Bruder Josef bin."

Die Hungersnot

Die Menschen im Land sind hungrig und kommen zu Josef, um Korn zu kaufen. Jakob schickt seine Söhne nach Ägypten. Benjamin geht nicht mit. Sie warten, bis die Brüder zurückkommen. Eines Morgens sieht Benjamin, dass seine Brüder zurückkommen. Sie bringen viel Korn mit. Jetzt können endlich die Frauen aus den Körnern Mehl und Brot machen. Alle haben wieder was zum Essen und freuen sich. Der Jakob sieht, dass ein Sohn fehlt. „Wo ist denn der Simeon?", fragt Jakob. Sie sagen: „Der mächtige Mann hat gedacht, wir sind Spione. Er sagte, wir lügen, und wir haben dann ganz viel von unserer Familie erzählt. Der mächtige Mann möchte Benjamin sehen. Und deshalb sollen wir ihn mitbringen. Dann kann Simeon erst aus dem Gefängnis." Der Jakob sagt: „Ich gebe euch den nicht mit."
Die Brüder haben Josef nicht erkannt, der Josef hatte aber seine Brüder erkannt. Der Josef ist froh und nicht froh. Er hat an seine Träume gedacht, sie sind wahr geworden. „Die Brüder haben mich nicht vergessen, aber sie denken, ich bin tot." Der Josef freut sich, dass der Jakob und der Benjamin noch leben. Der Josef denkt, dass seine Brüder wieder kommen, um Korn zu kaufen. Aber Jakob will den Benjamin nicht hergeben. Die Brüder sagen zu Vater Jakob: „Du musst uns den Benjamin mitgeben. Sonst muss Simeon im Gefängnis bleiben."
Die Hungersnot wird immer größer und größer und deswegen gibt Jakob den Brüdern den Benjamin mit. Er gibt ihnen Seife und Gewürze mit. Benjamin freut sich auf die Reise und hat keine Angst.

In Ägypten

Jakobs Söhne werden von Josef ins Haus eingeladen. Auch Simeon ist dabei. Sie sind überrascht. Der Hausherr ist sehr freundlich. Er fragt, wie es ihrem Vater geht. Josef setzt sie alle in der Reihenfolge an den Tisch. Ruben ist der Älteste und sitzt als erster am Tisch. Benjamin ist der Jüngste und sitzt als letzter am Tisch. Die Brüder sind wieder überrascht. Josef setzt sich zu ihnen an den Tisch. Er befiehlt seinem Diener, den Silberbecher in Benjamins Kornsack zu verstecken. Keiner merkt es. Sie ziehen mit vollen Kornsäcken nach Hause. Da kommen die Soldaten und finden in Benjamins Kornsack den Becher. Sie werden jetzt vor den Josef geführt, sie haben Angst. Josef hat das mit Absicht gemacht, weil sie ihn damals in den Brunnen geworfen haben. Er will sie testen. Josef schickt alle Diener raus und ist mit seinen Brüdern alleine. Er weint und seine Stimme zittert: „Ich bin Josef!“ Die Brüder sind erschrocken. Und dann umarmen sie sich und weinen vor Freude. Sie ziehen zurück in ihre Heimat. Sie sollen ihre Familien mit nach Ägypten bringen. Benjamin soll auch den Vater mit nach Ägypten bringen. Jakob sagt: „Ich komme mit, ich will Josef sehen.“

Mose

Mose

Die israelitischen Mütter in Ägypten durften keine Söhne mehr bekommen. Der König von Ägypten, der Pharao, wollte das nicht, denn er hatte Angst, die Jungs würden später mal Soldaten und gegen ihn kämpfen. Eine Mutter bekam einen kleinen Sohn, aber sie wollte ihn nicht umbringen lassen, sondern hatte einen Plan. Drei Monate versteckte sie ihn. Dann nahm sie ein Körbchen und machte es mit Pech dicht, damit kein Wasser rein kam. Dann legte sie das Baby da hinein und ließ es im Schilf auf dem Fluss hin und her schaukeln.

Hat sie gewusst, dass dort der Badeplatz der Tochter des Pharao war? Jedenfalls sollte Miriam, die große Schwester des Jungen, aufpassen, was passierte. Sie sah die Pharao-Tochter kommen und ins Wasser steigen. Da plötzlich weinte das Baby und die Frauen suchten, woher das Geschrei kam. Sie fanden das Körbchen und das Baby war so süß, dass sie es nicht mehr hergeben wollten.

Weil es damals noch keine Fläschchen gab, brauchten sie aber eine Mutter, die Milch in ihrer Brust hatte. Da kam Miriam gelaufen und sagte, sie kennt so eine Mutter. Und deshalb durfte das Baby noch eine Weile zu seiner Mutter und kam später zum Pharao in den Palast. Die Tochter des Pharao nannte es dann Mose, und beim Pharao wurde Mose dann erzogen. Aber eigentlich war er kein Ägypter sondern bei den Israeliten zu Hause.

Mose bekommt einen Auftrag

Mose erinnert sich an damals:
Damals, als sie die Ausländer in Ägypten waren, Mose und sein Volk, die Israeliten!
Sie hatten kein eigenes Land, aber in Ägypten waren sie auch nicht zu Hause.
Ägypten gehörte den Ägyptern. Der König von Ägypten, der Pharao, fand es nicht toll, dass die Israeliten immer mehr wurden.
Die Israeliten-Männer waren stark. Bald waren sie stärker als seine eigenen Leute.
Was könnte er nur tun?
Da hatte er eine Idee.
Er zwang die starken israelitischen Männer zu harter Arbeit.
Sie mussten schwer auf den Feldern arbeiten.
Sie mussten Bausteine herstellen aus Lehm.
Sie mussten dem Pharao schöne Häuser bauen, Paläste, ganze Städte.
Und das alles ohne Lohn!
Sie waren richtige Sklaven.
Einmal hatte Mose zugeschaut, wie ein israelischer Mann sich todmüde und schwach hinsetzen und ausruhen wollte.
Da rannte ein ägyptischer Aufseher zu ihm und schlug ihn mit der Peitsche an die Arbeit. So ging es immer.
Das machte Mose traurig und wütend.
Sie waren verzweifelt, Mose und sein Volk.
Sie fühlten sich ganz allein gelassen, obwohl sie ja so viele waren.
Wer konnte ihnen helfen?
Damals war Mose so verzweifelt, dass er ganz alleine in die Wüste ging.
Wer konnte helfen?
Mose fühlte sich so allein.
Und in der Wüste war er auch allein – oder doch nicht?
Was war das? Feuer? Licht? Ein Zeichen von Gott?
Und Mose hörte Gott, der sagte: Du bist nicht allein. Ich bin da. Immer!
Mose, führe du dein Volk aus Ägypten! Habt keine Angst! Ich bin bei euch.

Die zehn Plagen

Mose und sein Bruder Aaron waren beim Pharao und haben gesagt: „Unser Volk will ein Fest feiern für unseren Gott – in der Wüste! Lass uns ziehen!" Aber der Pharao wollte nicht. Er machte die Arbeit für die Israeliten noch schwerer. Aber die Ägypter wurden dann schwer geplagt.

Als der Pharao am Fluss stand, wurde das Wasser plötzlich rot wie Blut. Und das stank! Das war schlimm, denn dann wollte keiner mehr was trinken. Aber der Pharao ließ sie nicht weg.

Auf einmal kamen überall Frösche heraus. Eine richtige Frosch-Plage war das. Aber der Pharao ließ sie nicht weg.

Dann kamen ganz viele Mücken, bestimmt weil das Wasser so stank. Aber der Pharao ließ sie nicht weg.

Und es kam immer mehr so Ungeziefer: Käfer, Würmer, und so etwas. Es war schrecklich. Aber der Pharao ließ sie nicht weg.

Dann sind natürlich die Leute alle krank geworden. Aber der Pharao ließ das Volk Israel nicht weg.

Und Unwetter kamen dann auch. Aber der Pharao ließ sie nicht weg.

Auf einmal war der Himmel dunkel von vielen Heuschrecken. Die haben alles abgefressen und der Pharao hat Mose gerufen, er soll die Heuschrecken weg machen.

Da kam Gott sei Dank ein Wind und wehte die Heuschrecken weg. Aber der Pharao ließ sie nicht weg.

Und dann wurde es stockfinster – mitten am Tag. Da hat sich der Pharao so gefürchtet, dass er Mose und alle anderen doch ziehen lassen wollte, aber ohne die Tiere, die ihnen gehörten. Aber Mose sagte: „Das geht nicht. Wir brauchen die Tiere und eigentlich auch noch von euren Tieren, denn wir haben gar nicht genug Tiere für unseren Gott." Da ließ sie der Pharao nicht weg.

Und dann war etwas ganz Schlimmes passiert: alle ältesten Kinder sind gestorben. Und da war der Pharao so erschrocken – und traurig, denn sein Kind war ja auch tot, da hat er die Israeliten ganz schnell weg gelassen.

Durch das Rote Meer

Endlich ließ der Pharao die Israeliten ziehen. Alle machten sich auf den Weg. Sie nahmen alles mit, was sie für die lange Reise brauchen würden. Gott zeigte ihnen den Weg und die Israeliten freuten sich sehr, dass sie aus Ägypten fortziehen konnten. Sie hatten aber immer noch ein bißchen Angst, dass der Pharao sie wieder zurückholen könnte.

Und wirklich, nach einigen Tagen sahen sie in der Ferne eine große Staubwolke auf sie zu kommen. Gerade so, als würde sich ein großes Heer auf sie zu bewegen. Da bekamen die Israeliten Angst und scharten sich um Mose. In der Zwischenzeit waren sie am Roten Meer angelangt und lagerten dort. Mose aber machte ihnen Mut und sagte, dass sie sich nicht fürchten sollen.

Er hob seinen Stab, und das Meer teilte sich. Es entstand ein Weg durch das Meer und das Wasser stand links und rechts wie eine Mauer.

Die Israeliten zogen trockenen Fußes durch das Meer. Auf der anderen Seite angekommen, drehten sie sich alle um und sahen voller Schreck, dass auch die Ägypter auf dem Weg durch das Meer waren. Da hob Mose wieder seinen Stab, und das Meer schloß den Weg. Und alle Ägypter und ihre Pferde ertranken.

Die Israeliten waren nun endgültig gerettet. Sie dankten Gott und zogen weiter.

Die Regeln von Gott

Endlich erreichten die Israeliten den Berg Sinai. Sie waren Wochen lang gewandert, sie waren müde und staubig. Sie schlugen ihre Zelte auf und warteten, was nun passieren würde. Mose hatte ihnen erzählt, dass etwas Tolles passieren würde, wenn sie den Berg Sinai erreicht hätten. Deshalb wuschen sie sich alle und zogen ihre schönsten Kleider an. Einige Tage passierte gar nichts, aber sie warteten. Dann donnerte und blitzte es, und wie Mose vorhergesagt hatte, verhüllte eine Wolke den Berg. Alle Israeliten hatten Angst, nur Mose nicht. Zu ihm sprach Gott und gab ihm die 10 Gebote. Mose musste sie auf Steintafeln schreiben und brachte sie dann zu seinem Volk. Da waren alle froh. Sie feierten ein Fest, und alle wollten sich immer an die Gebote halten.

Die 10 Gebote

Ich bin der Herr, dein Gott. Du sollst neben mir keine anderen Götter haben.
Du sollst dir kein Bild von Gott machen.
Du sollst den Namen des Herrn, deines Gottes, nicht mißbrauchen.
Du sollst den Feiertag heiligen.
Du sollst deinen Vater und deine Mutter ehren.
Du sollst nicht töten.
Du sollst nicht die Ehe brechen.
Du sollst nicht stehlen.
Du sollst nicht falsch gegen deinen Nächsten aussagen.
Du sollst nicht nach dem verlangen, was anderen gehört.

Grundregeln Gottes:

Erarbeitet von dem Kindergottesdienst Eisenberg und Steinborn
Es gibt nur einen Gott und das ist Jesus!
Du kannst Gott nicht malen!
Ruf Gott nicht unnötig an!
Am Sonntag ist Ruhe!
Sei zu Mama und Papa lieb!
Du sollst nicht töten!
Du sollst nicht klauen und betrügen!
Man darf nicht rumstumpen!
Ich soll nicht lügen!
Du sollst nicht neidisch sein!
Du sollst deine Freunde nicht ausnutzen!
Ich soll ein guter Freund sein!

Das goldene Kalb

Die Israeliten warten auf Mose, der wieder auf den Berg Sinai gestiegen war. Er kam und kam nicht wieder. Die Menschen wurden unruhig. Sie sorgten sich, dann bekamen sie Angst. Wer würde sie beschützen, wenn Mose nicht wieder käme? Welcher Gott würde sie dann beschützen? So gingen sie zu Aaron und verlangten von ihm, dass er ihnen ein Gottesbild mache, das sie anbeten und das sie beschützen sollte.

Zuerst wollte Aaron nicht. Aber nachdem sie immer länger auf Mose warten mussten und die Leute immer lauter riefen, gab Aaron nach. Er befahl den Menschen alle ihre goldenen Ohrringe und Ketten zu bringen. Das taten die Menschen dann auch. Aaron schmolz die Ketten und Ohrringe ein und goß daraus ein großes Stierbild. Da freuten sich die Menschen und sagten: „Das ist unser Gott, den wollen wir anbeten. Er wird uns beschützen und führen."

Als Mose endlich wieder zu den Israeliten kam, fand er sie in wildem Tanz um das goldene Kalb vor. Er wurde sehr zornig und auch sehr traurig. Er zerstörte das Stierbild und sagte den Israeliten, was sie Schlimmes getan hätten. Da wurden alle ganz still und schämten sich. Sie baten Mose nochmals zu Gott zu gehen und um Vergebung zu bitten. Das tat Mose dann auch.

Samuel salbt Saul

Saul lebte mit seiner Familie in Israel. Eines Tages sollte er mit seinem Diener nach entlaufenen Eselinnen suchen. Sie suchten überall, aber sie fanden sie nicht. Sie ließen keine Gegend aus, sie streiften durch Täler und suchten im Bergland. Aber sie fanden keine Spur von den Eselinnen. Dann näherten sie sich einer fremden Stadt und Saul sagte zu seinem Diener: „Komm, wir kehren um. Wir haben noch keine Spur von den Eselinnen gefunden und sind schon so lange unterwegs. Nicht, dass sich mein Vater auch noch Sorgen um uns machen muss.“ Da sagte der Knecht: „In dieser Stadt vor uns lebt ein frommer Gottesmann, der bestimmte Sachen vorhersagen kann. Den wollen wir befragen.“ Saul war einverstanden und so gingen sie in die Stadt. Sie trafen ein junges Mädchen an einem Brunnen und fragten es nach dem Weg zu dem Seher, der Samuel hieß. Gott hatte Samuel schon gesagt, dass Samuel bald auf einen Mann treffen würde, den Gott für den nächsten Anführer der Israeliten ausersehen hatte. Und als Samuel Saul am Stadttor traf, wußte Samuel gleich, dass Saul dieser Auserwählte war. Samuel bat Saul in sein Haus und lud ihn ein, sein Gast zu sein. Sie saßen zusammen mit den anderen Gästen, gemeinsam aßen und tranken sie.

Am nächste Tag führte Samuel Saul auf das Dach seines Hauses und sagte zu ihm: „Der Herr hat dich als Anführer für sein Volk gewählt!“ Er salbte Saul und sagte ihm noch einige Dinge, die auch alle eintrafen.

Dann zog Saul nach Hause. Seine Familie freute sich, dass Saul die Eselinnen gefunden hatte und wieder wohlbehalten nach Hause kam.

Später wurde Saul König über Israel.

Die Propheten

Elija

In dem Land Israel lebte in der Hauptstadt Samaria der König Ahab mit seiner Frau Isebel. Die beiden glaubten an Gott Baal und bauten ihm einen Tempel. Das ganze Volk in Samarien glaubte auch an den Gott Baal. Eines Tages schickte Gott seinen Propheten Elija zu König Ahab.

Elija sprach: „Der Gott Israels lässt es von jetzt an nicht mehr regnen und es gibt am Morgen keinen Tau mehr!“ Ahab sprach: „Wir haben ja den Gott Baal, der wird uns Regen senden.“ Doch es kam kein Regen und das Land verdorrte. Da bekam der König Ahab Angst und merkte,

dass Elija die Wahrheit gesagt hatte.

König Ahab schickte seine Soldaten los, um Elija zu suchen. Gott sagte zu Elija, wo er sich verstecken sollte: In einem fernen Tal am Bach Krit. Gott schickte Raben mit Essen zu Elija. Nach einiger Zeit trocknete der Bach Krit auch aus. Da sprach Gott zu Elija: „Geh in die Stadt Zarpat. Dort findest du eine arme Witwe. Sie wird dich versorgen.“ Elija machte sich auf den Weg nach Zarpat.

Vor dem Stadttor traf er eine Frau, die Holz sammelte. Elija fragte die Frau, ob er ein wenig Wasser und Brot haben könnte. Die Frau antwortete: „Wasser kannst du haben, aber hungern tut jeder hier in der Stadt. Ich habe für mich und meinen Sohn nur noch Mehl und Öl für ein einziges Brot.“ „Mach dir keine Sorgen!“, sagte Elija. „Geh nach Hause und backe zwei Brote. Eins für mich und eins für dich und deinen Sohn! Es wird genug Mehl und Öl übrig sein. Der Gott Israels spricht: Das Mehl im Topf und das Öl im Krug sollen nicht leer werden bis zu dem Tag, an dem Gott es wieder regnen lässt!“ Die Witwe ging nach Hause und buk zwei Brote. Alle drei wurden satt und es war immer noch genug Öl und Mehl übrig.

Elija lebte lange Zeit bei der Witwe. Aber eines Tages wurde der Sohn sehr krank, und sie schrie: „Du bist schuld, dass mein Sohn tot ist. Wärst du nie zu uns gekommen!“ Elija nahm das Kind und legte es auf sein Bett. Er betete zu Gott: „ Lass das Kind wieder leben. Bitte, lieber Gott!“ Plötzlich atmete der Junge wieder und schlug die Augen auf.

Elija trug das Kind zu seiner Mutter.

Die Mutter war sprachlos, dass ihr Sohn lebte. Voller Staunen rief sie: „Nun glaube ich wirklich, dass du ein Prophet bist. Was du sagst, das ist wahr und kommt vom einzigen und wahren Gott.“ Nachdem Elija noch einige Zeit bei der Witwe gelebt hatte, sagte Gott zu ihm: „Kehre wieder zurück in dein Land Israel.“ Dort traf er den wütenden König Ahab. Ahab beschimpfte ihn, dass er daran Schuld war, dass das Land ausgetrocknet war. Elija forderte Ahab auf zu zeigen, dass Gott Baal besser ist als der Gott Israels.

König Ahab rief alle Leute auf, auf den Berg Karmel zu kommen. Dort sollte der Vergleich stattfinden. Die Baalpriester errichteten einen Altar für ihren Baal Gott. Ihr Gott sollte das Opfer annehmen und in Feuer

aufgehen lassen. Stundenlang tanzten sie um den Altar und riefen: „Baal, erhöre!“ Aber nichts passierte.

Dann errichtete Elija einen Altar für den Gott Israels. Elija begoss den Altar mit Wasser und betete zu Gott.

Gott erhörte ihn und das Opfer ging in Flammen auf. Die Leute fielen vor Gott auf die Knie und erkannten, dass der Gott ihrer Väter mächtiger ist als Gott Baal. Jetzt beteten sie nur noch zum Gott Israels. Und Gott schenkte dem Land Regen.

Auch König Ahab glaubte nun an den Gott Israels. Als König Ahab dies Königin Isebel erzählte, wurde sie furchtbar wütend. Isebel gab Elija die Schuld und wollte ihn in den Kerker werfen und töten. Als Elija das erfuhr, flüchtete er in die Wüste. Elija war müde und legte sich unter einen Busch. Dann wurde er von einem Engel geweckt, der zu ihm sagte: „Steh auf, Elija, iss und trink! Du sollst 40 Tage und 40 Nächte auf eine große Wanderung gehen.“

So machte sich Elija auf den Weg und kam an den Berg Sinai. Elija wartete in einer Höhle darauf, dass Gott mit ihm spricht. Da begann es

sehr zu stürmen. Elija dachte, Gott wäre im Sturm. Aber Gott war nicht im Sturm. Als sich der Sturm gelegt hatte, gab es ein Erdbeben. Elija dachte, Gott wäre im Erdbeben. Aber Gott war nicht im Erdbeben. Plötzlich gab es ein Gewitter. Feuer und helle Blitze waren am Himmel zu sehen. Elija dachte, Gott wäre im Gewitter. Aber Gott war nicht im Gewitter. Dann kam ein leiser Wind. Elija deckt sich mit seinem Mantel zu. Er spürte, dass Gott in seiner Nähe war. Nachdem Elija Gott sein Leid geklagt hatte, forderte Gott ihn auf, wieder in das Land Samaria zu gehen, wo es Menschen gab, die an ihn glaubten.

Wie von Gott befohlen ging Elija ins Land Samaria. Dort begegnete ihm ein Mann, der Elisa hieß. Elija gab Elisa seinen Mantel mit den Worten: „Ich bin zu alt und werde nun ins Reich Gottes zurückkehren. Übernehme du mein Amt und werde ein Prophet Gottes."

Daraufhin stieg Elija in eine goldene Kutsche und wurde von Gott abgeholt.

Elisa und die Witwe (Moritat)

Eine Moritat, zu singen
nach der Melodie
„Ein Vogel wollte Hochzeit machen“

1. Zu Elisa kam ne Witwe
   mit riesengroßem Kummer.

   Refrain:
   Gib nicht auf, gib nicht auf,
   gib nicht auf – vertrau auf
   Gott!

2. Zwei Söhne hat sie und kein
   Geld, die Schulden muss sie
   zahlen.

3. Der Schuldner will die Söhne
   haben als seine Arbeitsskla-
   ven.

4. Elisa gab ihr diesen Rat:
   Füll Öl in alle Krüge!

5. So schickt sie ihre Söhne
   los, um Krüge auszuleihen.

6. Das bisschen Öl aus ihrem
   Krug nahm einfach gar kein
   Ende.

7. So füllt sie alle Krüge auf,
   verkauft das Öl in ihrem
   Haus.

8. Da war die Rettung in der
   Not, vertraut wie sie auf Gott.

Jona mal etwas anders

Vor 40 Tagen herrschte Chaos in Ninive!

In der Stadt Ninive herrschte Chaos weil niemand gegen Mord, Diebstahl und Schlägereien ankämpfte. Die Polizei war nicht rechtzeitig zur Stelle. Laut einem Propheten sollte die Stadt innerhalb von 40 Tagen untergehen. Die Vernichtungsmöglichkeiten waren nicht bekannt. Die Polizei verhörte Jona und stellte fest, dass seine Aussagen richtig waren. Es wurde eine Sonderkommission zur Beseitigung des Chaos zusammengestellt. Quintessenz dieser Kommission war es, dass sich die Bewohner von Ninive erniedrigten und sich mit Schmutz bedeckten. Selbst die Obersten der Stadt folgten dem Beispiel der Bewohner. Der Glaube an Gott zog in die Stadt ein. Gott fand dieses Tun gut und die Stadt entging ihrer Zerstörung. Dies alles geschah vor ca. 40 Tagen.

Wie kam es zu der Wandlung in Ninive?

Der unmögliche Auftrag

Eines Abends als Jona zu Gott betete und einmal wieder über die Ungerechtigkeit geklagt hatte, hörte er plötzlich eine Stimme. Er fragte sich, ob er träumte. Die Stimme wurde immer lauter bis er sie richtig verstand. Er erkannte die Stimme, die er schon oft gehört hatte. Die Stimme sagte: „Jona sei mein Prophet." Jona war der Auftrag Gottes viel zu schwer. Jona dachte: „Wie kann ich Gottes Prophet sein?". Gott war traurig über das Treiben in Ninive und wollte dem ein Ende setzen. Jona sollte dort predigen, dass Gott über das Treiben in Ninive Bescheid wusste und die Stadt in 40 Tagen zerstören würde. Doch Jona dachte nicht daran, nach Ninive zu gehen. Er hatte auch von dem Treiben in Ninive gehört. Nein, dachte Jona, das ist mir viel zu gefährlich. Er hatte Angst vor dem Auftrag und wollte sich drücken.

Und wie ging es weiter?

Auf der Flucht (vor Gott)

Jona hatte Glück. Im Hafen lag gerade ein Schiff vor Anker, das nach Spanien fuhr. Jona bezahlte dem Kapitän das Fahrgeld und ging an Bord. Er legte sich zu den Waren unter Deck. Er war sehr aufgeregt. Als das Schiff abgelegt hatte, schlief Jona ein. Als sie schon eine Weile auf dem Meer waren, brach plötzlich ein heftiger Sturm los. Ein Matrose weckte Jona auf: „Los hilf uns, schnell!" Die ganze Mannschaft betete zu ihren Göttern. Aber Jona sagte: „Das

ist der Zorn meines Gottes, weil ich ihm nicht gehorcht habe. Werft mich ins Wasser, und der Sturm wird aufhören." Die Mannschaft warf Jona ins Wasser, und der Sturm verstummte augenblicklich, und die Mannschaft rief: „Danke Gott, der Du Himmel und Erde gemacht hast! Du hast uns gerettet."
Ob Jona das überlebt?

Die Rettung Jonas durch den Riesenfisch

Jona trieb kraftlos im Wasser, bevor er von einem riesigen Fisch verschluckt wurde. Er war drei Tage und drei Nächte im Bauch des Fisches gefangen. Er betete Tag und Nacht zu Gott. Gott erhörte seine Gebete. Am Ende des dritten Tages und der dritten Nacht spuckte der Riesenfisch ihn an Land. Wiederum sprach Gott zu seinem Propheten: „Jona, geh nun nach Ninive und erledige deinen Auftrag!" Nachdem der Herr gesprochen hatte, machte sich Jona auf den Weg nach Ninive, um seinen Auftrag zu erledigen.
Ob es noch ein Ende gibt?

Widerspruch und Einsicht

Jona wartete nach dem Ultimatum von 40 Tagen auf die Zerstörung von Ninive. Aber es geschah nichts, denn Gott hatte die Stadt verschont. Da war Jona sehr zornig. Er setzte sich in die Wüste und wartete weiter auf die Zerstörung. Dabei schlief er ein. Als er wieder aufwachte, war neben ihm eine große, grüne Staude gewachsen, die ihm Schatten spendete. Er wartete vergeblich auf Gottes Strafe für die Menschen in der Stadt Ninive, und als er am nächsten Tage aufwachte, war die Staude, die ihm am Tag zuvor noch Schatten gespendet hatte, eingegangen. Jona war zornig. Da sprach Gott zu ihm: „Hast du das Recht, zornig zu sein?" Jona: „Natürlich habe ich das Recht!" entgegnete er erzürnt. „Erst lässt du mir eine Staude wachsen, die mich vor der Sonne schützt, und am nächsten Tag lässt du sie wieder eingehen. Warum?" „Jona, du hast Mitleid mit einer Staude, die du nicht einmal selbst gepflanzt hast", meint Gott. „Ja das habe ich." „Siehst du, so wie du Mitleid hast mit der Staude, die dir Schatten spendet, habe ich Mitleid mit den Menschen aus Ninive, denn sie haben sich gebessert." Also begreift Jona, dass Gott Recht hat und geht wieder seinen eigenen Weg.

Jona

Also, da ist ein Mann zum Jona gekommen, und der hat ihn aufgefordert, nach Ninive zu gehen. Aber der Jona, der wollte halt nicht nach Ninive, weil er Angst hatte vor den bösen Menschen. Und er fuhr mit dem Schiff auf die hohe See hinaus. Während sie fuhren, schlief er. Und dann im heftigen Sturm weckten ihn einige Matrosen. Sie losten aus, wer an dem Sturm Schuld war. Das Los fiel auf Jona. Jona wusste im Voraus schon, dass er Schuld war, weil er nicht nach Ninive gegangen war und so Gott nicht gehorchte. Die Männer wurden wütend und schmissen Jona über Bord. Als Jona versank, hörte das Gewitter plötzlich auf. Doch Gott ließ Jona nicht im Stich und ließ einen Fisch kommen, der ihn verschluckte. Als Jona im Fisch war, wusste er, dass man Gott nicht entfliehen konnte, und versprach, dass er nun nach Ninive gehen würde. Nach drei Tagen und drei Nächten spuckte ihn der Fisch an Land aus.

Als er dann in Ninive ist, merkt er, dass da alles dreckig ist. Die Leute schlagen andere, und Diebe gibt's da und alles. Und die Stadt ist sehr groß, dass er erst nach drei Tagesmärschen durch kommt. Am Abend des ersten Tages legt er sich dann hinter einem Gasthaus nieder und schläft dort. Mitten in der Nacht stolpern dann zwei Betrunkene über ihn und lachen ihn dann aus. Und das Bier haben sie auf ihn gespuckt. Ihm gefällt das alles nicht.

Jona ekelte sich sehr und wurde sehr wütend und traurig. Er hatte auch ein bisschen Angst. Und dann ist der Jona auf dem Marktplatz auf irgend so einen Stand geklettert und hat dann gerufen: Gott wird euch richten! In 40 Tagen werden eure Höfe, eure Häuser und alles, was ihr habt, in Trümmern liegen. Zuerst haben sie noch über ihn gelacht. Aber dann bekamen sie es doch noch mit der Angst zu tun. Dann haben sie Asche über ihr Gesicht und über sich gestreut. Jona ging dann aus der Stadt und auf einen Hügel vor der Stadt, um zu sehen, wie die Stadt unterging. Er hatte auch ein Zelt. Und er hörte die Klagerufe von den Leuten, die bereuten. Aber weil er gesehen hatte, wie böse die Menschen waren, wollte er trotzdem, dass sie alle sterben. Doch als nach 40 Tagen nichts passierte, wurde er zornig und rief zu Gott. Warum bringst du die Leute nicht um und zerstörst die Stadt nicht? Doch Gott ließ neben seinem Lager eine Rhizinusstaude sehr schnell wachsen, die dann nach einem Tag so groß war, dass sie ihm Schatten spendete. Doch am nächsten Tag wurde sie von ganz, ganz vielen Würmern zerfressen und auch an ihm waren überall Würmer und er hat alles probiert, um seine Rhizinusstaude zu retten, aber es ist ihm nicht gelungen. Und dann hat er gemeint, er wäre froh, wenn er nicht mehr am Leben wäre oder so irgend was. Und wenn er in dieser Stadt stirbt, wäre er froh. Da kam wieder der Mann, der ihm den Auftrag gegeben hat, nach Ninive zu gehen. Und der hat ihm erzählt, wie ruhig die Gassen jetzt wären. Und wie lieb die Menschen jetzt wären und so was halt. Und Jona sollte doch an die vielen Kinder in der Stadt denken.

Jeremia

Ein Junge erlebt Gott

Wenn man so über die Wüste schaut, sieht man eigentlich nur Sand und Dünen. Hier und da steht ein vertrokkneter Busch. Aber hinten am Horizont, wo die Luft in der Hitze flimmert, da reitet ein Junge auf einem Kamel scheinbar richtungslos in die Wüste. Es ist Jeremia, der genau weiß, wohin er will. Der kleine Junge mit der braunen Haut und den dunklen, glänzenden Haaren ist auf dem Weg zum Brunnen hin. Er ist vom Dorf geschickt worden und hat schon einen langen Weg hinter sich. Gegen die Hitze hat er sich mit weißen Leinentüchern geschützt, die er um den ganzen Körper gewickelt hat. Plötzlich, aus heiterem Himmel bleibt sein Kamel stehen und will nicht weiter gehen. Jeremia schaut sich erschrocken um. Ihm geht so vieles durch den Kopf. „Nun geh doch!", schreit er sein Kamel an. „Wie soll ich denn heimkommen, wenn du nicht läufst? Wir sind doch mitten in der Wüste, weit weg von allen Dörfern." Mutlos schaut er in den Himmel, wo im Blau ganz schwach die Umrisse eines Gesichtes zu erkennen sind. Das Gesicht spricht zu Jeremia: „Hab keine Angst, deinem Kamel ist nichts passiert. Es wird gleich wieder gehen. Ich bin dein Gott und will bloß deine ganze Aufmerksamkeit! Schließ deine Augen und sag, was du siehst!" Voller Angst schließt Jeremia die Augen und sagt: „Ich sehe nur einen Wacholderzweig und sonst gar nichts!" „Richtig!", sagt die Stimme. „Und das bedeutet: Du sollst wachen." „Über wen denn?", wundert sich Jeremia. „Scht! Was siehst du nun?", säuselt die Stimme. „Ich sehe einen dampfenden Kessel. Er ragt von Norden her über das Land und droht es zu überfluten." Die Stimme wird gewaltig: „Die Gefahr droht von Norden, mein Sohn! Kämpfe gegen die Gefahr!" Jeremia jammert: „Aber was habe ich mit all dem zu tun? Was nur?" Die Stimme wird sanfter: „Nun, es ist wirklich an der Zeit, dir alles zu erklären. Du bist ein Prophet, Jeremia. Du warst schon immer einer. Du sollst mein Wort verkünden und dich gegen die Meinung des Volkes stemmen. Wenn es sein muss, sollst du kämpfen und zerstören, und setze deine Meinung durch!" Jeremia hat Angst: „Aber das kann ich nicht. Ich bin viel zu jung und kann nicht reden", versucht er sich zu verteidigen. Aber Gott redet ihm gut zu und flüstert: „Du wirst immer wissen, was du sagst. Keine Angst!" Und dann verschwindet er wieder. Das Gesicht verblasst langsam im strahlenden Blau.

Der Auftrag

Jeremia saß nachts in seiner Kammer und träumte so vor sich hin. Das Licht des Mondes strahlte durch das kleine Fenster seiner Kammer. Plötzlich wurde der ganze Raum mit Licht geflutet und ein Gesicht bildete sich in seinem Kopf. Es sagte: „Ich bin der Herr und berufe dich zu meinem Propheten. Ich begleite dich schon, seit du im Bauch deiner Mutter warst." „Aber ich bin zu jung", sagte Jeremia. „Sage nicht: Ich bin zu jung!" meinte die Stimme, „Ich lege meine Worte in deinen Mund! Was siehst du?" Jeremia zögerte: „Einen Wacholderstrauch?" „Du hast richtig gesehen", sagte das Gesicht, „was siehst du noch?" Jeremia staunt: „Ich sehe einen Kessel, der sich von Norden übers Land ergießt. Was heißt das alles?" Die Stimme sagte: „Der Wacholderstrauch bedeutet: ich werde über dich wachen. Du brauchst keine Angst zu haben. Aber wenn du Angst hast, werde ich dich lehren, Angst zu haben. Du wirst Könige, Beamte und Priester gegen dich haben. Sie werden gegen dich kämpfen, aber sie werden dich nicht besiegen. Das sage ich, der Herr!" So bekam Jeremia seinen Auftrag.

Die Berufung zum Propheten Gottes

Bei strahlendem Sonnenschein sitzt der kleine Jeremia in der Wüste und opfert ein Schaf für Gott, den Herrn. Da hört er auf einmal eine Stimme, die zu ihm spricht: „Jeremia, wieso sitzt du hier ganz alleine in der Wüste?“ Jeremia erschrickt: „Wer sind Sie? Wo sind Sie? Ich kann Sie nicht sehen!“ „Schau ins Feuer, Jeremia“, antwortet die Stimme. Im Feuer sieht Jeremia ein Gesicht aus Feuer. „Sag, bist du ein Bote Gottes?“ fragt er. „Nein“, antwortet das Gesicht. „Wer bist du dann?“ fragt Jeremia. „Ich bin der, der dich und die Welt erschaffen hat“, spricht die Stimme, und Jeremia sagt erstaunt: „Gott!?“ „Du lernst schnell, Jeremia!“, antwortet die Stimme. „Ja, Jeremia, noch bevor ich dich im Leibe deiner Mutter entstehen ließ, wusste ich schon, was ich mit dir mache.“ „Was denn?“, fragt Jeremia aufgeregt. „Ich habe schon die Hand auf dich gelegt, denn ich habe dich zum Propheten für die Völker bestimmt“, antwortet Gott rasch. „Ach Herr, du Allmächtiger, ich bin doch zu jung, und außerdem kann ich nicht gut reden. Niemand wird auf mich hören“, jammert Jeremia. „Sag das nicht, Jeremia!“, beruhigt Gott. „Geh wohin ich dich führe und verkünde, was ich dir sage!“ Jeremia schreit: „Aber Gott, ich fürchte mich vor den Menschen, dass sie etwas Schlimmes mit mir tun.“ Die Stimme antwortet: „Hab keine Angst vor den Menschen, denn ich bin immer bei dir und wache über dich.“ Dann streckt Gott die Hand aus und berührt Jeremias Lippen und sagt: „Ich lege meine Worte in deinen Mund. Von heute an hast du

Macht über die Völker und Königreiche. Vernichte, verheere und baue an! Was siehst du nun, Jeremia?" Jeremia schaut: „Einen Wacholderzweig!" „Richtig", hört er die Stimme, „und jetzt?" Jeremia schaut: „Einen Kessel, dessen Rand von Norden her überschwappt." Freundlich sagt Gott: „Du hast alles richtig gesehen. Also, Jeremia, es bedeutet: Von Norden her kommt alles Unheil. Hör genau zu, was ich dir sage: Ich rufe alle Völker des Nordens! Ihre Könige sollen ihre Throne ringsum von der Mauer von Jerusalem aufstellen. Danach will ich mein Urteil über sie sprechen und sie strafen für all das Böse, das sie getan haben. Denn sie haben mich verlassen und haben andere Götter verehrt. Du machst dich jetzt bereit und verkündigst es ihnen. Ich gebe dir Kraft, damit du das durchstehst, denn du wirst das ganze Land gegen dich haben. Sie werden dich bekämpfen, können dich aber nicht besiegen, weil ich dich schütze. Jetzt geh und tu, was ich dir gesagt habe."

Jeremias Berufung

In einer sternenklaren Nacht sitzt in der Nähe von Anatot ein Junge zwischen zwei Sträuchern, die am Boden mit weichem Moos bedeckt sind. Sie stehen auf einer Weide, in der seelenruhig Schafe grasen. Ein leichter Wind streicht über die Wiese und kühlt den Boden ein wenig von der großen Hitze des Tages ab. Manchmal zirpen die Grillen und trillern Vögel. Ansonsten ist es still, sehr still. In dieser Stille denkt der Junge des Priesters über einige Dinge nach. Sein Name ist Jeremia. Langsam fängt er an zu träumen von Dingen, die für ihn unerreichbar zu sein scheinen. Doch auf einmal meint er eine Stimme gehört zu haben. Erschrocken dreht er sich um, kann aber niemanden sehen. Noch einmal hört er leise und besänftigend eine Stimme. Verwundert schaut er sich um, kommt aber auf das gleiche Ergebnis wie vorher. Kommt die Stimme vielleicht vom Wind, der als sanfte Brise durch sein Haar streicht? Oder will ihm jemand einen Streich spielen? Nachdenklich schaut er zum Himmel hoch und meint, dort oben eine Gestalt zu entdecken. Er kneift die Augen zusammen, um besser sehen zu können. Tatsächlich kann er nun eine große Gestalt erkennen, die sich dort am Himmel bewegt. Jetzt hört er die Stimme ganz deutlich sagen: „Hab keine Angst, denn ich bin dein Herr. Ich will dich zum Propheten berufen." Jeremia aber erwiderte: „Ich kann doch nicht reden. Dafür bin ich viel zu jung." „Ach, das kann mir jeder sagen", antwortete der Herr. „Ich habe schon meinen Plan mit dir gehabt, als du noch im

Bauch deiner Mutter warst. Als du aus dem Schoß deiner Mutter gekommen bist, habe ich meine Hände über dich gelegt, um dich, wie schon gesagt, zum Propheten über die Völker zu berufen. Nun geh und verkünde, was ich dir auftrage. Du brauchst keine Angst vor den Menschen zu haben, denn ich beschütze dich." Gespannt hatte Jeremia dem Herrn zugehört, bevor dieser mit seiner Hand Jeremias Lippen berührte und sagte: „Ich lege dir meine Worte in deinen Mund, so wirst du das sagen, was ich durch dich verkünden wollte." Und Gott fragte: „Was siehst du?" Jeremia antwortete: „Ich kann einen Wacholderzweig sehen." „Du hast richtig gesehen, erwiderte der Herr, „denn dieser Zweig steht dafür, dass ich darüber wache, was passiert." Und wieder fragte Gott: „Was siehst du?" Jeremia antwortete: „Jetzt kann ich einen großen dampfenden Kessel sehen, der von Norden gegen mich umkippt." „Auch dieses Mal hast du es richtig gesehen", sagte der Herr, „denn dieser Kessel bedeutet, dass von Norden her Unheil übers Land zieht. Darum sollst du allen Bewohnern des Landes sagen, was ich dir auftrage. Alle Könige sollen ihre Throne

rings um die Mauer Jerusalems und alle Städte Judas aufstellen. Dann werde ich Juda dafür strafen, dass sie andere Götter angebetet und sich sogar Götzenbilder gemacht haben. Nun sollst du dich auf keinen Fall vor ihnen erschrecken, sonst sorge ich dafür, dass du erschrecken musst. Ach, außerdem wirst du alle gegen dich haben. Aber du wirst so fest wie eine Festung dastehen. Das sage ich, der Herr." Dann verschwand die Gestalt am Himmel wieder und alles war wie zuvor. Ein wenig irritiert sieht sich Jeremia um. Aber außer dem dunklen Nachthimmel, den grasenden Schafen und dem wiegenden Gras kann man nichts sehen. Nachdenklich steht Jeremia auf und schlendert nach Hause. Über das, was er eben erlebt hat, muss er erst eine Runde schlafen. Morgen ist ja auch noch ein Tag, um über alles nachzudenken.

Elisabeth Linder 8c

Comic Jeremia's

Prophet gegen Prophet

Es war im 5. Monat des 4. Regierungsjahres des Königs Zidkija, als sich Hananja dem Jeremia im Tempel gegenüber stellte. Hananja versprach dem Volk und den Priestern: „Gott hat gesagt: Ich werde das Joch des Königs von Babylonien zerbrechen. Es dauert nur noch 2 Jahre, dann werde ich alle eure heiligen Geräte nach Jerusalem zurückbringen genauso wie König Jojakim von Juda und alle anderen Verschleppten von dort. Ich will das Joch des Königs von Babylonien zerbrechen." Jeremia hörte sich das an und sagte dann: „Mir wäre es auch lieber, wenn Gott alles so regeln würde, wie du es weissagst. Aber ich habe von Gott anderes zu sagen. Ihr erinnert euch sicher an viele Propheten vor uns, die auch viel Unglück, Krieg und Pest vorher sagten. Sagte aber ein Prophet etwas Gutes vorher, dann musste man abwarten, ob es so gut eintraf. Denn nur dann erweist sich der Auftrag als wahr." Da riss ihm Hananja das Joch von der Schulter und zerbrach es. Er wiederholte seine Vorhersage. Da ging Jeremia weg.

Nach einiger Zeit sprach Gott wieder zu Jeremia: „Geh zu Hananja und sage ihm: Du hast zwar das Joch aus Holz zerbrochen, aber ihr werdet ein Joch aus Eisen bekommen." Jeremia tat es so und sagte zu Hananja: „Hananja, du hast das Volk dazu verführt, auf Lügen zu vertrauen. Deswegen wirst du sicher gestraft werden." Und der Prophet Hananja starb im 7. Monat desselben Jahres.

Das Joch

Zidkija war noch nicht lange König von Juda, da sagte Gott zu Jeremia: „Mach dir von Hölzern und Stricken ein Joch und leg es auf deine Schultern. Dann schicken wir eine Nachricht zu den Königen von Moab, Ammon, Tyrus und Sidon. Du sollst ihnen sagen: Ich, Gott, habe alles geschaffen. Und ich kann die Erde geben, wem ich will. Will aber jemand nicht dem König von Babylon untertan sein, wie ich empfehle, dann wird er untergehen. Der König von Babylonien wird gegen dieses Volk kämpfen, bis es völlig vernichtet ist. Das sage ich, euer Gott."

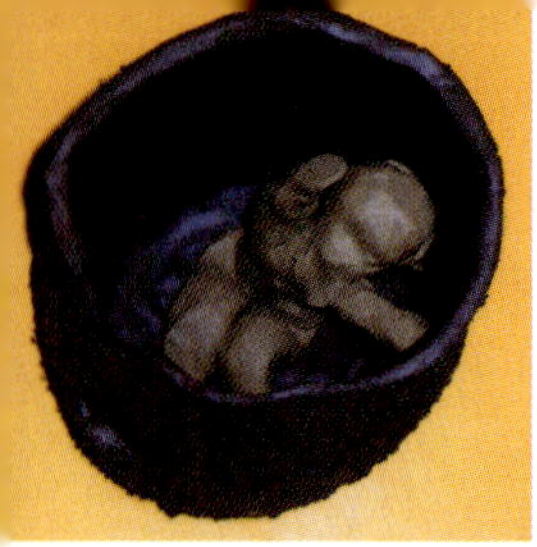

Der Prophet in der Zisterne – Jeremia

Jeremia wurde von Gott zum Propheten berufen und bekam den Auftrag: Er solle einen Tonkrug zerschlagen und daraufhin sagen, es würde auch so mit Jerusalem geschehen. Daraufhin wurde er von Priestern festgenommen.

Vier Jahre später ließ Jeremia seinen Freund Baruch eine Schriftrolle schreiben, in der alle Worte Gottes zusammen gefasst waren. Nun sollte Baruch im Tempel die Schriftrolle vorlesen. Die Beamten des Königs versteckten Baruch und Jeremia und bewahrten die Schriftrolle im Arbeitszimmer des Amtsschreibers auf. Der König ließ die Schriftrolle eigenhändig verbrennen.

Zum zweiten Mal ließ Jeremia von Baruch die Schriftrolle neu verfassen. Als die Chaldäer mit Juda Krieg führten, zogen sie plötzlich von Jerusalem ab, da die Ägypter mit einem Heer in das Land eingefallen sind. Daraufhin wollte Jeremia aus Jerusalem raus, um eine Familiensache zu klären. Als er am Stadttor vorbeikam, wurde er von den Soldaten festgenommen und sie brachten ihn ins Gefängnis, das ein leerer Brunnen war.

Dort musste er tagelang bleiben. Eines Tages ließ ihn der König Zidkija in den Palast holen, denn er wollte ihn heimlich ausfragen. Dort wurde Jeremias Wunsch erfüllt und er kam in den Wachthof und wurde dort gefangen gehalten.

Trotz alldem ließ er sich nicht entmutigen und predigte weiter zu den Leuten. Dies verkündigten die hohen Beamten dem König.

Der König war machtlos dagegen und befahl seinen Leuten, ihn in eine Zisterne zu werfen. Da aber kein Wasser darin war sondern Schlamm, versank er fast darin. Ein Mann aus Äthiopien, der ein Diener aus dem Palast des Königs war, erzählte ihm von dem Elend des Jeremia und bekam den Auftrag, ihn mit einigen Männern wieder heraus zu holen.

Wie Gott es vorausgesagt hatte, wurde Jerusalem von Nebukadnezar, dem König aus Babel, eingenommen. Sie belagerten die Stadt über ein Jahr und so konnten sie die Mauern einreißen und in die Stadt eindringen, da Zidkija mit seinen Kriegsleuten aus der Stadt floh. Doch zum Unglück Zidkijas wurde er bei Jericho von chaldäischen Soldaten zu Nebukadnezar zurück gebracht. Zidkija musste mit ansehen, wie die Fürsten hingerichtet wurden und die Stadt zerstört wurde. Viele Leute wurden gefangen und nach Babel geführt.

Außerdem wurde dem Führer seiner Leibwache befohlen, Jeremia zu befreien und ihm alles zu erfüllen, um was er bat. So konnte er sich frei bewegen, überall herumgehen und blieb trotz allem mitten unter dem Volk in Jerusalem.

Neues Testament

Jesus, Gottes Sohn

Jesu Geburt

Maria und Josef lebten in Nazareth. Eines Tages wollte der mächtige Kaiser Augustus wissen, wie viele Menschen in seinem riesigen Reich wohnten. Jeder musste in seine Heimatstadt gehen und sich in eine Liste eintragen.

Josef war mit König David verwandt, der vor langer Zeit in Bethlehem lebte. So musste er mit Maria den weiten Weg von Nazareth nach Bethlehem laufen. Autos gab es damals noch nicht und so waren sie tagelang unterwegs.

Maria war schwanger. Sie erwartete ihr erstes Kind.

Viele Menschen waren in Bethlehem. Maria und Josef fanden nur noch einen Stall. Hier wurde Jesus geboren. Maria wickelte ihn in Windeln und legte ihn in eine Futterkrippe auf warmes Stroh.

Auf dem Feld hüteten die Hirten in der Nacht ihre Schafe. Plötzlich erschraken sie vor einem großen Licht. Der Engel Gottes stand vor ihnen und sagte:

„Fürchtet euch nicht!
Geht nach Bethlehem.
Dort ist der Heiland geboren.
Ihr findet ihn in einem Stall,
in einer Futterkrippe."

Die Hirten machten sich bald auf den Weg. Sie fanden Josef, Maria und das Kind. Die Hirten wurden sehr froh. Sie erzählten allen, was sie gesehen hatten. Die Menschen wunderten sich. Aber die Hirten kehrten um, und sie lobten Gott und sangen Lieder.

Und viele Engel kamen und lobten Gott und sagten:
„Ehre sei Gott in der Höhe und bei den Menschen Frieden.“

Die Weihnachtsgeschichte nach Lukas ins Heute erzählt von den Einöder Konfis 2/2002

Eine ganz besondere Weihnachtsgeschichte für Leute von heute

90

Autorinnen: Lisa König, Carolin Hisgen, Luise Burger, Dorothée Fiene, Verena Kühnreich, Sylvia Matitschka, Kerstin Lehnen

Die Weihnachtsgeschichte nach Lukas ins Heute erzählt von den Einöder Konfis II/2002

Autorinnen: Lisa König, Carolin Hisgen, Luise Burger, Dorothée Fiene, Verena Kühnreich, Sylvia Matitschka, Kerstin Lehnen

Lukas sitzt an seinem Schreibtisch und denkt nach. Wie soll er nur anfangen? Seit Jahren sammelt er Geschichten und Informationen über Jesus. Das macht er teils als Hobby, zum Teil aber auch, weil er einfach mehr wissen will über diesen Jesus. Lukas glaubt an Jesus. Er glaubt, dass Jesus wirklich Gottes Sohn, wirklich der versprochene Retter, wirklich etwas Besonderes war.

Und nun dieser Brief von Theophilus! Das ist auch so einer, der alles genau wissen will. Und der meint auch, ob Jesus nicht vielleicht genauso untergehen wird wie Augustus, den seinerzeit alle als Friedefürsten verehrten. Und Theophilus ist genauso verzweifelt wie viele in Lukas Gemeinde, weil Jesus immer noch nicht wiedergekommen ist.

Ich muss alles der Reihe nach aufschreiben, denkt Lukas, dann wird ihnen allen ganz klar sein: Jesus war der Retter, Jesus war ein ganz Besonderer. Und Lukas beginnt zu schreiben: Lieber Theo, ich schreibe dir jetzt alles der Reihe nach auf, so wie ich es in den letzten Jahren erfahren und gesammelt habe:

In Nazareth lebte eine junge Frau, die hieß Maria. Ihr Mann, Josef, war Zimmermann und viel unterwegs. Wenn er auswärts zu tun hatte, rief er immer an, um zu sagen, wann er heim käme. Dann konnte Maria das Essen richten.

Es war im Frühling. Maria saß in der Küche zu Hause und starrte gebannt auf ihr Handy. Josef hätte sich schon melden müssen. Plötzlich erschien auf dem Display des Handys ein Engel.

Maria traute ihren Augen nicht. Der Engel entschwebte dem Handy und sprach sie an: "Maria!" „He," sagte Maria, "was bist denn du für einer?" Der Engel sagte ganz ruhig: „Ich bin ein Bote Gottes und ich habe dir etwas zu sagen. Du bist schwanger." „Oh, davon wusste ich ja gar nichts." Sagte Maria verwirrt. „Woher weißt du denn das?" Der Engel antwortete: „Ich bin doch ein Bote von Gott. Gott lässt dir sagen, dass du ein Kind bekommst, einen Sohn." Maria staunte. Da war der Engel schon wieder im Handy verschwunden.

In diesem Moment wurde die Türe aufgerissen und Josef stürmte herein: „Ich habe die ganze Zeit versucht, dich anzurufen. Mit wem hast du denn so lange telefoniert?" „Ja, also," stotterte Maria, „stell dir vor, da war ein Engel." „Ein Engel?" Josef konnte es nicht glauben. „Doch, hier aus dem Handy kam ein Engel. Und stell dir vor, er hatte für mich eine Nachricht von Gott: Josef, ich bin schwanger!" Josef schaute seine Maria an: „Das ist doch toll. Freust du dich nicht?" „Doch, schon," sagte Maria nachdenklich, „aber es ist alles so sonderbar. Es muss schon etwas Besonderes sein mit dem Kind. Denk doch: eine Nachricht von Gott! Ein Engel aus dem Handy!"

Der Winter hatte schon begonnen und es war kalt geworden. Da stürmte Josef eines Tages mit der Zeitung in der Hand in die Küche. „ Maria, schau mal, was hier in der Zeitung steht. Alle Leute müssen sich am Finanzamt ihres Geburtsortes melden. Das ist ein neues Gesetz der Regierung." „Oh weh, Josef, da müssen wir ja nach Bethlehem. Muss das sofort sein?" fragte Maria erschrocken. „

Ja, unverzüglich steht hier. Meinst du, dass du das in deinem Zustand noch kannst?" „Wie weit ist es denn?" fragt Maria ängstlich. „So weit wie von hier nach Kaiserslautern, 50 Kilometer ungefähr. Am besten fahren wir mit unserem Roller. Ich fahre auch ganz vorsichtig." Josef sah sehr besorgt aus. „An einem Tag die lange Fahrt?" fragte Maria weiter. „ Nein, wir fahren ganz gemütlich hin und nehmen uns dann ein Zimmer im Hotel. Auf dem Finanzamt wird es auch nicht so schnell gehen." Josef schaute sorgenvoll auf seine hochschwangere Frau. „Was soll ich einpacken?" fragte Maria tapfer. „Viel können wir ja auf dem Roller nicht mitnehmen. Vielleicht ein paar Pampers, ein bisschen Babykleidung und vielleicht eine Decke....." „Ja," Josef dachte nach, „nimm eine oder zwei Decken mit. Und ich nehme meine Unterlagen für das Finanzamt mit. Am besten in meinem Köfferchen." Maria begann zu packen. Wenn das nur gut geht, dachte sie.

Und dann machten sich Josef und Maria auf den Weg nach Bethlehem. Maria saß hinten auf dem Roller und machte sich Gedanken: „Hoffentlich kommt nicht ausgerechnet jetzt das Kind. Vielleicht ist ja die lange Reise gar nicht gut für das Baby. Hoffentlich geht das auf dem Finanzamt schnell und wir finden ein gemütliches Hotelzimmer." Mehrmals machte Josef eine Pause auf der Fahrt. Es war kalt und viele Wolken zogen am Himmel. Sicher würde es später Regen geben.

Endlich kamen sie in Bethlehem an und fuhren geradewegs zum Finanzamt. Es war kurz vor Mittag. Maria blieb vor der Tür beim Roller und Josef stürmte mit seinem Köfferchen die Treppen hinauf. Am Schalter saß der Beamte und wollte gerade Pause machen. „Halt," rief Josef, „warten sie, ich gebe ihnen meine Unterlagen und

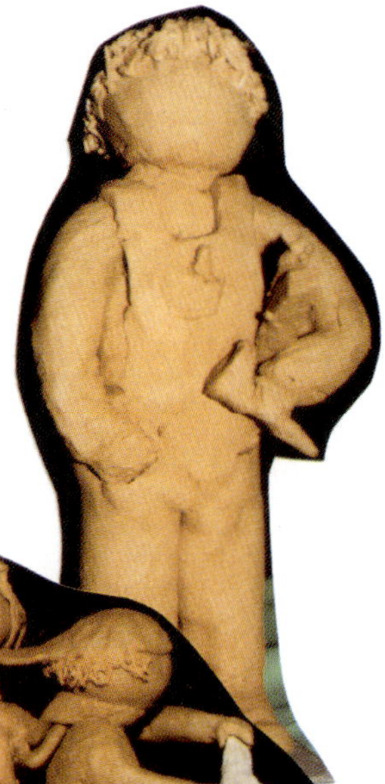

dann..." „So geht das nicht." sagte der Beamte. "Erstens mache ich jetzt erst Mittag und zweitens müssen sie sich hinten an der Schlange anstellen." „Aber meine Frau.........sie bekommt ein Kind......." Josef war verzweifelt. Aber da schlug der Beamte den Laden zu. Mittagspause! Josef ging langsam die Treppen hinunter und sie beschlossen, die Mittagspause in einer Caféteria zu verbringen. Da war es wenigstens warm. Später fuhren sie wieder zum Finanzamt und Josef stellte sich hinten an der Schlange an.

Als er zu Maria an den Roller zurück kam, war es schon dunkel. Maria klagte über Bauchweh. Vielleicht das Kind?.....Sie fuhren zu einem Hotel und fragten den Portier nach einem Zimmer. Der schüttelte den Kopf. „Aber meine Frau ist hochschwanger!" rief Josef aufgeregt. „Das sehe ich." Sagte der Portier trocken, „Nachher kriegt sie noch das Kind bei uns. Stellen sie sich mal den Ärger mit den anderen Gästen vor. Nee, nee, nix da! Wir haben kein Zimmer für sie!" Langsam und traurig gingen Josef und Maria zu ihrem Roller zurück.

Maria flüsterte Josef ins Ohr: „Es ist das Kind. Ich habe Wehen." „Na dann aber schnell!" sagte Josef und fuhr zur Jugendherberge. Aber auch da bekamen sie kein Zimmer. „Es ist Hochsaison und kein Zimmer mehr frei. Außerdem gibt das nur Ärger und Stress mit einer Hochschwangeren . Sie wollen doch nicht ihr Kind hier bei uns kriegen, oder?" Der Herbergsvater war richtig ärgerlich.

Nun konnten sie nicht mehr mit dem Roller fahren. Die Wehen waren zu stark. Maria stöhnte. Völlig verzweifelt klingelte Josef an der nächsten Haustür. Jemand stand hinter der Tür und meldete sich nicht. „Bitte, lasst uns doch rein!" rief Josef. „Meine Frau bekommt ein Kind!" „Dann geht doch ins Krankenhaus." Sagte die Stimme

hinter der Tür. „Das reicht nicht mehr!“ rief Josef. „Bei uns kriegt ihr euer Kind jedenfalls nicht!“ tönte es hinter der Tür. Maria drehte sich enttäuscht um.

Da sahen sie direkt vor dem Haus eine Bushaltestelle, wenigstens drei Wände, ein Dach und eine Bank. Maria spürte Presswehen und stolperte zur Bank, um sich zu legen. Josef holte vom Roller die Decken und dann kam das Kind. Mitten in der Nacht. Draußen im Kalten, es regnete. Josef versorgte notdürftig seinen Sohn und seine Frau. Maria fror. Josef kramte in seinen Manteltaschen nach seinem Feuerzeug und zündete ein Teelicht an. Das sah irgendwie schön aus.

Da stand plötzlich ein Mann vor ihnen. „Ein Kind, ein Neugeborenes!“ der Mann schien sprachlos. Dann redete er drauf los: „So etwas gibt es ja nicht! Ein Neugeborenes in der Bushaltestelle. Haben sie ein Handy? Man muss doch den Krankenwagen rufen. Kann ich ihnen helfen?“ „Wir haben das Handy vergessen,“ sagte Maria matt. „Sie sind ein Engel, wenn sie uns helfen wollen.“ „Na klar, ich renne nach Hause und rufe den Krankenwagen. Ein Kind, ein ganz besonderes Kind.....“ und schon ist er verschwunden.

Hinter der nächsten Ecke hätte er beinahe einen Penner umgerannt. „Du, pass auf, da drüben in der Bushaltestelle ist eben ein Kind geboren.“ Rief er atemlos. „Na und?“ murmelte der Penner. „Ein Kind, ein besonderes Kind, im Elend geboren! Geh hin und schau es dir an. Heute beginnt etwas ganz Besonderes! Eine neue Zeit fängt an!“ und schon rennt der Mann weiter. Der Penner schluckt. Ein eben geborenes Kind! Was bringt man da hin? Sicher ist der Vater völlig fertig und kann einen Schluck Bier gut gebrauchen. Na ja, vielleicht auch die Mutter! Kriegt die hier mitten in der Stadt auf der

Straße ihr Kind
Und er machte sich auf den Weg zum Kind und fand es dort auf der Bank im Bushäuschen und seine Mutter Maria und seinen Vater. Und der alte Penner trank mit den Eltern einen Schluck und wischte sich heimlich eine Träne aus dem Gesicht. Ein Kind, Hoffnung im Elend. Geboren auf der Straße, wo ein Penner zu Hause ist. Ob dieses Kind es besser hat im Leben als er, der Penner?
Inzwischen war der Mann weiter gerannt zum nächsten Telefon und wurde dabei von einem Mädchen angesprochen. „He, wer bist du? Wieso bist du noch auf der Straße um diese Zeit?“ fragte er verdutzt. „Ich bin von zu Hause abgehauen,“ sagte das Mädchen, „mein Stiefvater war nicht gut zu mir.“ Pass auf, da hinten an der Bushaltestelle ist eben ein Kind geboren. Ich suche ein Telefon. Geh doch schon mal hin zu den Leuten. Die freuen sich bestimmt, wenn jemand nach ihrem Kind schaut.“ Der Mann war ganz atemlos. Das Mädchen schaute ihn groß an. „Muss man da was schenken?“ fragte es unsicher? „Wenn du was hast.“ Antwortete der Mann. „Aber jetzt muss ich weiter.“ „Ich habe noch mein Schulbrot von gestern,“ sagte das Mädchen zögernd, „Ach ja, und da drüben ist eine Telefonzelle.“ Da rannte der Mann schon in die gezeigte Richtung.

Wenig später stand er wieder vor der Bushaltestelle. Er blieb ergriffen stehen. „Der Krankenwagen kommt gleich!“ sagte er gerührt. „Sie sind ein Engel.“ flüsterte Maria. Da lag es, das Kind, ein Junge, an der Brust seiner Mutter und trank. Der Vater teilte sich mit dem Penner den letzten Tropfen Bier und das Ausreißer-Mädchen fütterte Maria mit kleinen Stückchen Käsebrot. Es begann zu schneien. Und da stimmte der Mann ein Lied an :“ Stille Nacht ,

heilige Nacht," sang er. Das Lied kannte der Penner und stimmte mit seiner rauen Stimme ein: „....alles schläft, einsam wacht nur das traute hochheilige Paar......" Und als der Krankenwagen um die Ecke bog sangen sie alle in der Bushaltestelle: „Christ der Retter ist da! Christ der Retter ist da!"

Der 12-jährige Jesus im Tempel

Mama: Da sind ja Maria und Josef aus Nazareth. Suchen die was? Wo laufen die denn hin? Sie gehen den Weg ja falsch herum. Das Fest ist doch zu Ende. Alle Leute gehen jetzt nach Hause, aus Jerusalem heraus. Wieso gehen Maria und Josef zurück in die Stadt? Aber Halt! Wo ist denn das Kind? Jesus war doch auch dabei. Er hatte sich doch so gefreut, dass er endlich alt genug war, um zum Passafest nach Jerusalem mit zu kommen. Zum ersten Mal durfte er mit in den Tempel zum Gottesdienst.

Josef: Niemand hat ihn gesehen. Ich habe überall gesucht. Ich habe sogar die alte Anna gefragt. Und die sieht sonst ja wirklich alles.

Maria: Vor uns kann er nicht aus der Stadt gegangen sein. Wir waren doch bei den Ersten.

Josef: Mensch, jetzt sind wir den ganzen Weg zurück-gegangen und wer ist nicht zu sehen? Unser Sohn!

Maria: Die vielen Menschen...das arme Kind!

Josef: Er hätte ja auch bei uns bleiben können.

Maria: Und wenn es dunkel wird...?

Josef: Ich hab's jetzt langsam satt. Seitdem wir hier sind, macht er nur Ärger.

Maria: Aber das mit den Tauben kann ich irgendwie ver stehen. Er mag es einfach nicht, wenn Tiere einge sperrt sind.

Josef: Aber das waren doch die Opfertiere. Die kann er doch nicht einfach fliegen lassen!

Maria: Er meint eben, dass Gott diese Tieropfer gar nicht von uns will.

Josef: Aber wir glauben doch, dass Gott uns dann im Leben belohnt, wenn wir ihm etwas opfern.

Maria: Aber müssen das Tiere sein?

Josef: Jetzt fängst du auch schon so an.

Mama: Sie suchen weiter und kommen zurück an den Tempel.

Maria: Meinst du, er ist noch im Tempel?

Josef: Was soll er da? Kinder haben da nichts zu suchen.

Maria: Aber guck mal, da vorne sitzen noch ein paar Männer und reden. Vielleicht haben die ihn gesehen.

Josef: Das sind doch Schriftgelehrte. Die kümmern sich doch nicht um weggelaufene Kinder.

Mama: Sie gehen näher heran.

Josef: Ja, das darf doch wohl nicht wahr sein! Guck dir das an!

Maria: Da ist er ja. Gott sei Dank.

Josef: Mitten zwischen den gelehrten Männern.

Maria: Was will er da? Er versteht die doch nicht. Er ist doch noch ein Kind.

Josef: Ich weiß nicht. Guck mal, er redet mit ihnen.

Maria: Und die schlauen hohen Herren hören unserem Kind zu.

Josef: Was hat denn der Kleine den klugen erwachsenen Männern da zu sagen?

Maria: Aber sie hören zu und reden mit ihm.

Josef: Uns so eine Angst zu machen! Er hätte mit uns gehen müssen!

Maria: Er hat es bestimmt nicht böse gemeint.

Josef: Aber mir reicht's. Hol ihn da weg. Wir müssen jetzt nach Hause!

Mama: Und die Eltern holen Jesus und eigentlich freuen sie sich, dass sie ihn endlich gefunden haben. Jesus wundert sich aber, dass sie ihn gesucht haben.

Friedolin: Cool, der Jesus. Hat einfach gemacht, was er wollte.

Mama: Na ja, seine Eltern hatten es wohl auch nicht immer leicht mit ihm.

Jesus lässt sich taufen

Mama: Heute spielen wir eine andere Geschichte.

Friedolin: Darf ich wieder mitmachen?

Mama: Warum nicht? Wir brauchen einen Benjamin... und Benjamin hat ein neues Haustier, eine Maus.

Friedolin: Das bin ich!

Mama: Gut. Benjamin hat einen Freund, den Ruwen. - Wer will Ruwen sein? Dem Ruwen will Benjamin seine Maus zeigen. Wo ist Ruwen? Der spielt bestimmt unten am Fluss. *(Jetzt brauchen wir vier Kinder, die mit dem blauen Tuch das Wasser spielen.)* Der Fluss heißt Jordan. Benjamin läuft an den Fluss. Wo ist Ruwen? Oh Mann, was ist denn da los? So viele Leute sind da! - Wir brauchen Leute. - Und einer steht mitten im Wasser. Das ist Johannes. - *(Ein Kind spielt Johannes und bekommt ein braunes Tuch umgehängt.)* Was macht er da? Er redet. Benjamin hört genau hin.

Johannes sagt: Meint ihr, dass Gott das gut findet, was ihr macht? Es gibt bei euch so viel Unrecht und Not! Das will Gott bestimmt nicht! Gottes neue Welt soll hier bei uns schon anfangen! Tut etwas dafür! Fangt bei euch an! Ändert eure Leben! Benjamin findet das spannend. Die Leute fragen: Was sollen wir tun?

Das wisst ihr doch selbst am besten!

Wer zwei Kleider oder Hosen hat, kann doch dem abgeben, der nichts hat!

Wer zwei schöne Spielsachen hat, kann doch eins dem abgeben, des nichts hat!

Benjamin drückt seine Maus ganz fest an sich. Ihm fällt sein Bär zu Hause ein.

Wer zu Essen hat, kann dem geben, der nichts hat. Sorgt dafür, dass es hier bei uns gerechter zugeht.

Benjamin denkt: Johannes hat recht. Eigentlich wollte er doch dem Ruwen ganz stolz seinen Friedolin zeigen. Aber Ruwen hatte gar kein Kuscheltier. Der wäre bestimmt neidisch auf ihn. Soll er den Friedolin verstecken? Soll er ihn abgeben? Oder vielleicht lieber den Bären zu Hause? Benjamin drückt Friedolin ganz fest an sich.

Die Leute fragen: Was sollen wir tun?

Johannes sagt: Lasst euch taufen! Das ist das Zeichen, dass ihr nach Gottes Regeln leben wollt. Benjamin geht näher an den Fluss. Was passiert?

Johannes steht mitten im Wasser, einer geht zu ihm. Johannes sagt: Wasser macht euch von außen rein. Gottes Liebe macht euch auch von innen rein.

Dann taucht er den Mann unter... *(die Kinder heben das blaue Tuch über die beiden.)* ...

Dann kommt der nächste ans Wasser. Das ist ja Jesus *(ein Kind mit einem weißen Tuch)*. Aber was ist jetzt? Den will der Johannes wohl nicht taufen. Warum nicht? Johannes sagt: Du bist Jesus. Auf dich haben wir alle lange gewartet. Eigentlich solltest du mich taufen. Aber Jesus schüttelt den Kopf. Du kannst mich ruhig tau fen, sagt er. Ich will damit zeigen, dass ich auch Gottes Regeln einhalten will. Da tauft ihn der Johannes... *(das Tuch anheben.)* Das ist ein ganz feierlicher Moment. Alles ist still! Dann geht Jesus fort.

Und was macht Benjamin? Da drüben steht Ruwen. Was macht er mit Friedolin?

Jesus wird versucht

Die Leute fragten sich, wo Jesus sei. Überall redeten sie über ihn: Am Jordan bei Johannes, in Jerusalem, wo er wohnte und anderswo. Es sollte aber niemand wissen, wo er sei. Denn Gott hatte Jesus gesagt, er soll in die Wüste gehen. Jesus ging also tief in die Wüste hinein. Dort blieb er vierzig Tage, aß nichts und trank das Tauwasser, das sich morgens auf den Steinen sammelte oder das er in den Rinnsalen fand.

Auf einmal stand der Teufel neben ihm. Hinterlistig meinte er: Ich sehe, du hast großen Hunger. Es wird dir doch ein Leichtes sein aus den umliegenden Steinen Brot zu machen und dich daran zu laben! Da du Gottes Sohn bist kannst du Wunder vollbringen! Jesus merkte sofort, dass die Versuchung ihn zu etwas Verbotenem bringen wollte. Deswegen antwortete er: Es steht geschrieben, der Mensch lebt nicht nur von Brot, sondern davon, was Gott ihm sagt! Jesus dachte bei sich: Jetzt weiss ich, warum ich in die Wüste gehen sollte. Gott will, dass ich lerne auf ihn zu hören!

Auf einmal stand er in Gedanken auf der Ecke des Tempelplatzes in Jerusalem, wo es sehr steil herunterging. Da sprach die Versuchung: Schau dir die vielen Leute an. Du kannst da hinunterspringen, es wird dir nichts passieren. Gott wird seine Engel schicken. Diese werden dich unversehrt wieder auf die Erde setzen. Sie werden sofort glauben, dass du Gottes Sohn bist. Jesus schüttelte den Gedanken gleich wieder ab. Man soll Gott nicht auf die Probe stellen, steht es in den heiligen Schriften geschrieben. Wir dürfen Gott nicht zu einem Wunder zwingen. Da merkte der Teufel, dass er Jesus nicht überlisten konnte. Aber einen Versuch wollte er noch machen. Also flüsterte er Jesus zu: Stell dir vor, du stehst auf einem hohem Berg und du kannst alle Länder der Welt auf einmal sehen! Das konnte sich Jesus sehr gut vorstellen. Im Osten das große Persien, im Süden das alte und ehrwürdige Ägypten mit seinen fruchtbaren Feldern, im Westen das Meer und dahinter das Mächtige Rom, im Norden Griechenland mit seiner Kunst und Weisheit. All das gehört dir, wenn du vor mir niederkniest und mich anbetest!

Da wurde Jesus sehr wütend, er rief: Geh weg, Teufel! Ich will nichts mit dir zu tun haben. Es steht geschrieben: Du sollst nur Gott anbeten und nur Gott dienen! Da musste sich der Teufel geschlagen geben.

Jesus, der Retter

Die Hochzeit zu Kana

Joh. 2, 1-12

Die Gäste tranken den Wein leer, so dass Maria Jesus um Hilfe bat.
Jesus, hilf uns!
Zu den Dienern sprach Maria:
Macht, wie Jesus es euch sagt!

Jesus befahl den Dienern:
Füllt die Krüge bis zum Rand mit Wasser und lasst den Küchenmeister probieren!
Seltsam. Zuerst gibt's doch immer den guten Wein und dann den billigen. Bei dir ist es umgekehrt. Du gibst uns den Besten zum Schluss.
... denn das Wasser war zu Wein geworden!

Jesus heilt einen Aussätzigen

In einem Ort lebte am Rand ganz einsam ein Mann. Er war ganz alleine, denn er war krank. Schwerkrank. Am ganzen Körper hatte er Pickel und Pusteln, er sah ganz schrecklich aus und keiner wollte etwas mit ihm zu tun haben. Alle anderen hatten Angst, jeder befürchtete, er könne sich anstecken und die gleiche Krankheit bekommen.

Eines Tages hörte der kranke Mann lautes Geschrei in seinem Dorf. Er hörte, dass Jesus gekommen sei. Diesen Namen kannte er. Von Jesus hatte er schon etwas gehört. Auch, dass Jesus Menschen heilen konnte. An ihn wollte er sich wenden. Ihn wollte er um Hilfe bitten.

Als Jesus näher kam, lief der kranke Mann ganz schnell zu Jesus. Er lief ganz schnell, damit die anderen ihn nicht verjagen konnten. Ganz außer Atem kam er bei Jesus an und bat ihn, ihm zu helfen.

Die anderen Menschen wichen vor Angst und Ekel zurück, nur Jesus blieb stehen und legte dem kranken Mann seine Hand auf die Schulter. Jesus sagte zu ihm, dass er jetzt gesund sei und nicht mehr ausgestoßen leben müsse. Da war der Mann froh und dankte Gott.

Jesus heilt an einem Sabbat

Eine Frau ist 18 Jahre lang gekrümmt wegen einer Krankheit. Als Jesus sie sieht, heilt er sie, indem er seine Hände auf ihren Rücken legt. Die Frau freut sich, dankt und preist Gott. Als der Priester das sieht, beschwert er sich bei Jesus, er solle an einem anderen Tag heilen, denn es sei Sabbat. Denn der Sabbat sei heilig und niemand dürfe an diesem Tag arbeiten, auch nicht heilen. Jesus aber sagte, er verstehe nicht, wieso die Frau nicht am Sabbat geheilt werden dürfe, da sie doch schon so lange vom Teufel gequält würde. Jeder würde doch auch sein Vieh am Sabbat tränken und füttern. Darauf kann keiner etwas erwidern.

Alle werden satt

Die Menschen sind sehr gerne zu Jesus gekommen. Warum? Er konnte so schöne Geschichten erzählen. Und einmal waren wieder ganz viele Menschen bei ihm und haben den ganzen Tag da gesessen und zugehört. Niemand hat gemerkt, dass die Sonne schon ganz tief stand. Bald würde es dunkel werden. Und immer noch kamen mehr Menschen und wollten Jesus zuhören. Da wurden seine Freunde aber unruhig. „Jetzt wird es bald Nacht", sagten sie. „Die Leute werden hungrig. Jetzt sind es schon so viele! Bestimmt gibt das einen Aufstand, wenn sie etwas zu Essen haben wollen." Und dann sind sie zu Jesus gegangen und haben gesagt: „Schick mal die Leute nach Hause. Bald ist es dunkel, und wir haben nichts zu Essen für so viele Leute." Da sagte Jesus: „Gebt ihr ihnen doch zu essen!" „Wir?", fragten die Freunde. „Wir haben nicht genug Geld, um Essen für all die Leute hier zu kaufen. Außerdem ist das nächste Dorf viel zu weit, wo eine Bäckerei sein könnte." Da kam ein kleiner Junge, der hatte fünf Brote und zwei Fische dabei. Jesus sagte zu den Menschen: „Setzt Euch! Wir wollen essen." Und als sich alle gesetzt haben, da hat er Gott Danke gesagt für die Brote und die Fische und hat sie an alle Leute verteilt. Und alle wurden satt. Dann mussten die Freunde noch alle Krümel einsammeln, und es wurden noch zwölf Körbe voll mit Resten. Wie das wohl ging? Aber Jesus hat gesagt: „Das ist eben wie im Himmel: Alle werden satt, niemand muss mehr Hunger haben!"

Der blinde Bartimäus (I)

Jesus wanderte weiter und eine große Menschenmenge folgte ihm. So kamen sie auch nach Jericho. Dort lebte ein Mann, namens Bartimäus. Bartimäus war blind und war ganz traurig darüber. Wie gerne hätte er alles gesehen, wovon er die Menschen reden hörte. Und weil er nichts sehen konnte, saß er meistens am Straßenrand und hoffte auf Hilfe von den Menschen.

So hörte Bartimäus auch, dass Jesus in die Stadt gekommen war. Er dachte bei sich, wenn mir einer helfen kann, dann Jesus. Und als er hörte, dass Jesus in seiner Nähe war, rief Bartimäus ganz laut: „Jesus, bitte, hilf mir!“

Die anderen Menschen, die um Jesus versammelt waren, wollten nicht, dass Jesus von den Rufen des Bartimäus gestört wurde. Sie machten: „Pscht! Sei ruhig!“ Oder sie sagten: „Stör ihn nicht!“ Aber Bartimäus war ganz verzweifelt und rief nur noch lauter: „Bitte, Jesus, hilf mir!“ Immer wieder. Schließlich ließ Jesus Bartimäus zu sich kommen. „Warum rufst du mich?“, fragte Jesus Bartimäus. „Was willst du von mir?“ Bartimäus war ganz aufgeregt: „Ich möchte gerne sehen können. Kannst du mir nicht helfen? Bitte!“ Und Jesus sagte zu ihm: „Dein Glaube hat dir geholfen! Du kannst wieder sehen!“ Und Bartimäus konnte auf einmal wieder sehen. Mit ihm freuten sich auch alle Menschen, die es gesehen hatten. Und Bartimäus zieht mit Jesus weiter.

Der blinde Bartimäus (2)

Jesus kommt in die Stadt. Er hat seine Freunde dabei. Ein blinder Mann sitzt auf dem Boden. Er heißt Bartimäus.

Bartimäus ruft: „Hallo, wo seid ihr?“

„He, schrei doch nicht so!“, sagen die Menschen. „Der Jesus hat was anderes zu machen!“

Bartimäus schreit ganz laut: „Jesus, hilf mir!“

Jesus sagt: „Komm zu mir! Was willst du?“ Bartimäus sagt: „Jesus, hilf mir. Ich will wieder die Bäume und die Schmetterlinge sehen!“

Jesus bindet das Tuch auf und Bartimäus sieht die Bäume, die Schmetterlinge, die Menschen und alles wieder!

Und er schmeißt seinen Stock weg und geht mit Jesus mit.

Zachäus (I)

Lied: Melodie von „Zachäus war ein kleiner Mann“. **Neuer Text:**
Zachäus war ein kleiner Mann,
ein sehr kleiner Mann war er.
Er saß an seiner Zoll-Station.

Lotte: Halt, halt! Was ist denn eine Zollstation?

Max: Das ist da, wo einer sitzt und Geld kassiert, bloß weil man in die Stadt oder in ein Land will.

Lotte: Wieso?

Max: Dieses Zollgeld bekam damals der Kaiser in Rom. Der wollte das haben.

Lotte: Aha. - Und wieso stöhnten die Leute?

Max: Sie mochten die Zoll-Kassierer nicht, weil sie ihnen doch das Geld abnahmen. Manchmal sagten die Leute auch: Die betrügen uns. Sie nehmen uns mehr ab, als ihnen der Kaiser gesagt hat. Und das behalten sie für sich.

Lotte: Dann haben sie bestimmt auch auf die Zoll-Leute geschimpft.

Max: Oh ja. Den Zachäus mochte niemand. Keiner sprach mit ihm. Sie wollten, dass er merkte: wir wollen dich nicht. Du bist Freund des Kaisers, der unser Geld will.

Lotte: Geht das Lied weiter?

Lied: ***Zachäus war ein kleines Kind***
und immer so allein,
denn keiner hat ihn lieb gehabt:
oder wollt' ein Freund ihm sein.

Lotte: Das verstehe ich nicht.

Max: Was?

Lotte: Weil er klein war, hat ihn keiner gemocht?

Max: Das gibt's! Zachäus war immer kleiner als die anderen. Die haben immer gesagt: „Na, Kleiner.“

Lotte: Gemein!

Max: Das fand Zachäus auch. Und deshalb wollte er sich rächen, als er erwachsen war.

Lotte: Wie denn?

Max: Er ist eben Zoll-Kassierer beim Kaiser geworden. Und wer mich besonders geärgert hat, der muss auch bei mir besonders viel zahlen, hat er sich gesagt. Und er nahm oft zu viel Zoll. Er war ja auch oft geärgert worden. Und dann hat er sich daran gewöhnt, immer zu viel zu nehmen. Er wurde immer reicher.

Lotte: Ging es ihm da besser? Er hatte doch bestimmt nicht mehr Freunde als vorher.

Max: Nein, das hatte er nicht. Und er war auch nicht glücklich.

Lotte: Du hast mal gesagt: Jesus hat traurige Menschen froh gemacht.

Max: Stimmt! Und das war hier auch so!

Lied: ***Zachäus war ein kleiner Mann,***
ein Zolleinnehmer war er.
Er saß in seiner Zoll-Station,
und Jesus kam daher.

Mama: Zachäus sitzt an seiner Zoll-Station. Da hört er, wie zwei Leute sich erzählen: „Heute kommt Jesus nach Jericho.“ Jesus? denkt Zachäus, das ist doch der Mann aus Nazareth, der schon so vielen geholfen hat. Einen Moment lang denkt er, ob Jesus vielleicht auch ihm helfen könnte, aber dann schüttelt er den Kopf: Ach nein, ich bin ja nicht krank. Ich bin reich und habe ein schönes Haus. Eigentlich brauche ich keine Hilfe. Jetzt kommen wieder Leute an den Zoll, die von Jesus erzählen und sagen, dass sie ihn sehen wollen. Zachäus hätte auch große Lust, Jesus zu sehen. Aber er denkt: Ich bin bestimmt mal wieder zu klein. Die anderen werden mir die Aussicht versperren. Und wenn ich sie frage, ob sie mich durch lassen, dann heißt es wieder: Na, Kleiner! Aber Zachäus macht sich doch auf den Weg. Oh, da vorne auf dem Platz sind aber viele Menschen! Und Zachäus fühlt sich so klein. Aber dann bekommt er eine

gute Idee. Da, der Baum, von dort aus könnte er Jesus sehen. Ganz leise klettert Zachäus auf den Maulbeerbaum und schaut durch seine Blätter. Da ist Jesus. Zachäus sieht ihn ganz nahe. Aber was ist jetzt los? Jesus bleibt ja genau unter dem Baum stehen und sieht nach oben.
„Da sitzt ja Zachäus!", rufen einige Kinder. Zachäus wird ganz rot , weil er sich schämt. Jesus sagt: „Zachäus, komm schnell vom Baum herunter. Ich möchte dich heute besuchen."
Zachäus meint, er hätte sich verhört. Jeder im Ort hätte sich gewünscht, dass der berühmte Jesus zu ihm ins Haus kommt. Ausgerechnet ihn will er nun besuchen, ihn, den niemand im Ort mag. So schnell er kann klettert er hinab. Aufgeregt steht er vor Jesus: „Gern, Jesus, ich zeig dir den Weg."

Lied: ***Zachäus, unser kleiner Mann,***
so ein sehr kleiner Mann war er.
Er stieg auf einen Maulbeerbaum,
denn Jesus kam daher.

Mama: Und dann gingen sie zu Zachäus nach Hause. Der ließ rasch ein Essen machen, und als er mit Jesus am Tisch saß, dachte er: In mir ist es ganz warm geworden. Jesus ist bei mir. Er mag mich. Und da kann Zachäus gar nicht anders, er sagt: „Jesus, ich will zurück geben, was ich zu viel weggenommen habe." „Wie gut", sagt Jesus, „dass du eine gute Idee hattest und einen ungewöhnlichen Weg gegangen bist."

Lied: ***Und Jesus rief: steig schnell herab,***
ich will dein Gast heut sein.
Bleib nicht auf diesem Maulbeerbaum,
lad mich zum Essen ein!

Lotte: Apropos Essen ...?

Mama: Ja was glaubt ihr? Was ist denn ganz schnell für viele Leute gemacht?

Max: Wie wäre es mit Pizza? - Die könnte der Zachäus schnell backen gelassen haben.

Zachäus (2)

Zachäus war ein kleiner Mann
Ein sehr kleiner Mann war er.
Er stieg auf einen Maulbeerbaum,
und Jesus kam zu ihm.

Er saß in seinem Zollhaus drin
Und nahm den Leuten Geld.
Er nahm ihnen immer etwas mehr,
was ihnen nicht gefällt.

Zachäus war ein kleiner Mann,
und keiner war sein Freund.
Dass jemand mal zum Essen kommt,
hat er schon lang geträumt.

Als Jesus kam in seine Stadt,
da wollt er bei ihm sein.
Er lief mit allen Leuten hin,
doch er war viel zu klein.

Ganz hinten stand Zachäus nun,
da kam ihm ne Idee.
Ich steig auf diesen Maulbeerbaum,
damit ich etwas seh.

Dann saß er da auf seinem Ast,
und hörte Jesus zu.
Und Jesus schaute zu ihm hoch,
und rief: „Das bist ja du."

Dann saß er da auf seinem Ast,
und hörte Jesus zu.
Und Jesus schaute zu ihm hoch,
und rief: „Das bist ja du."

Und Jesus sagte geh nach Haus,
und deck ganz schnell den Tisch.
Ich komme gleich zu Dir nach Haus,
dein Freund das bin jetzt ich.

Zachäus stieg ganz schnell hinab,
und rannte schnell nach Haus.
Ein Essen musste auf den Tisch,
denn Jesus kam ins Haus.

Zachäus war so richtig froh,
und hat dann auch versprochen.
Ich gebe alles Geld zurück,
mach gut, was ich verbrochen.

Im Sturm
Lukas 8, 22-25

See war still und ruhig, als Jesus seinen Jüngern in ein Boot kletterte,
um an's andere Ufer zu fahren
Jesus war sehr müde und schlief bald ein.

Plötzlich kam ein heftiger Sturm mit großen Wellen auf, doch Jesus schlief weiter.

Das Bood schaukelte wie
Nussschale auf den hohe
Wellen, und Wasser schwappt
ins Boot.

Die Männer bekamen Angst
und weckten Jesus.
Hilfe, wir gehen unter!

sus schrie den Wind an:
Ruhe!!!
Sofort hörte der Sturm auf!
Danach fragte Jesus die Jünger:
„Habt ihr euren Glauben verloren?
„Wer ist dieser Mann, der Wasser
und Wellen beherrscht?"
sprachen die Jü

Der barmherzige Samariter

Eines Tages reiste ein Mann nach Jericho. Auf seiner Reise wurde er von Räubern überfallen, ausgeraubt, verletzt und liegen gelassen. Wehrlos und bewußtlos lag er am Wegesrand. Ein Priester, der vorbei kam, sah ihn da liegen und ging ganz schnell weiter und schaute in die andere Richtung. Er tat so, als habe er den Verletzten nicht gesehen. So musste er nicht helfen. Nach einer Weile kam ein Levit vorbei. Er schaute zu dem Verletzten hin, ging aber weiter und half auch nicht. Dann kam ein Samariter vorbei. Kaum sah er den Mann da liegen, eilte der Samariter zu ihm hin, gab ihm etwas zu trinken, versorgte seine Wunden und gab ihm etwas an zu ziehen. Er unterbrach seine Reise, um den Kranken zu pflegen und nahm ihn mit und kümmerte sich um ihn, bis er wieder gesund war.

Das Opfer der armen Witwe

Eines Tages war Jesus im Tempel und sah, wie die Leute Geld spendeten. Er sah, wie ein ganz reicher Mann aus seinem großen Geldsack 20 Geldstücke gab. Und er sah, wie die arme Witwe, die keinen Mann mehr hatte, zwei Geldstücke gab. Mehr hatte sie nicht. Und Jesus freute sich darüber am allermeisten.

Jesus und

Jesus ist in den Ort gekommen. Unter dem dicken Baum beim Brunnen steht er. Der Kaufmann, der Bürgermeister und der Lehrer reden mit ihm. Sie sprechen über Geld, über die Dürre und über andere wichtige Dinge. Die Männer gucken ganz wichtig. Der Kaufmann zeigt mit dem Finger, der Lehrer fuchtelt mit der Hand und der Bürgermeister hält seinen dicken Bauch. Das sind ganz wichtige Männer. Das sieht man schon von hier aus. Und Jesus steht da und hört genau zu.

Auch die Freunde von Jesus wollen ein Gespräch halten. Sie sind immer bei Jesus, damit er nicht alleine ist. Sie hören auch zu. Gerade streiten sie sich darum, ob Gott streng ist oder gut. Der Lehrer sagt: „Gott ist streng." Aber Jesus sagt: „Gott ist lieb. Ich weiß das, denn ich bin sein Sohn."

Aber was ist das? Was hört man da? Was für ein Lärm. Da kommen die Kinder und singen ein Lied. Der eine sagt: „Das passt jetzt aber gar nicht. Das stört. Es ist doch wichtig, was wir besprechen und das ist nix für Kinder. Die kapieren das doch noch gar nicht." Das finden die anderen auch.

Und die Kinder kommen mit ihren Müttern. Manche haben zwei Kinder an der Hand. Und sie freuen sich, weil sie Jesus sehen. Sie rufen: „Jesus. Da ist er ja." Ein Mädchen sagt: „Der Papa hat recht. Da ist Jesus." Da fangen die Kinder an zu rennen. Die Mamas rufen: „Halt. Stopp. Macht langsam." Sonst tät die Mama umfallen. Aber die Kinder wollen unbedingt zu Jesus, denn sie wollen ihn mal sehen. Er soll sie mal anfassen. Vielleicht wollen sie ein Autogramm. Vielleicht ist das Autogramm, dass er sie anfasst. „Er soll sie segnen", sagen die Mamas.

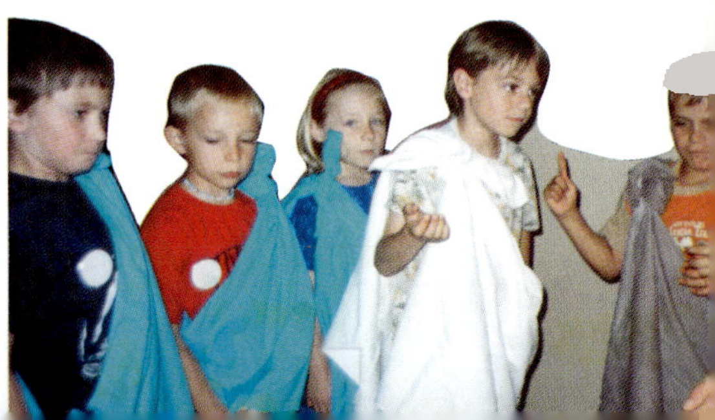

die Kinder

Da gehen die Freunde von Jesus nach vorne. Sie sagen zu sich: „Die Kinder stören beim wichtigen Gespräch. Sie sind zu laut. Sie sind noch zu klein und verstehen nix." „Geht weg." „Ihr stört bei einem wichtigen Gespräch." Da fragen die Kinder: „Warum sollen wir weggehen?" Der eine Freund sagt: „Weil ihr das doch nicht versteht."

„Aber wir wollen zu Jesus. Die Kinder sollen gesegnet werden", sagt eine Mama. „Ich auch", „und ich auch", „und ich will auch gesegnet werden", rufen die Kinder. „Aber das geht jetzt nicht. Die haben ein wichtiges Gespräch. Morgen vielleicht könnt ihr noch mal kommen", sagt einer von den Freunden. Und sie halten die Hände so gegen die Kinder, weil die bei dem wichtigen Gespräch nicht stören sollen.

Aber das hat jetzt Jesus gesehen. Der ärgert sich ganz schön. Als er die Kinder gehört hat, hat er gedacht: die stören mich nicht so richtig. Ich freu mich, dass da Kinder kommen. Und dann hat er gesehen, dass die Jünger sie wieder weg schicken wollen, weil sie stören. „Sie stören mich nicht so", sagt Jesus und stupst erst die wichtigen Leute auf die Seite und dann die Jünger. Die wundern sich ziemlich.

Und dann setzt sich Jesus auf den Boden und dann kommen alle Kinder und zoppeln an ihm herum. Jesus sagt zu ihnen: „Kommt ruhig her zu mir Kinder, weil ich Euch segnen will. Kommt her, weil ihr so nett seid und weil ihr genauso wichtig seid wie die wichtigen Männer da." Die Kinder finden das schön, weil sie an einem ganz wichtigen Menschen rumkrabbeln können. Und die Mamas finden es gut, dass er die Kinder zu sich gelassen hat. Und das sieht auch richtig schön aus, wie sie alle auf dem Boden sitzen.

Jesus leidet und stirbt

In Jerusalem

Jesus ist auf dem Weg nach Jerusalem. Seine Freunde und Freundinnen gehen mit. In Jerusalem wollen sie das Passafest feiern. Es war ein langer Weg bis nach Jerusalem. Die Freunde wollten noch kurz rasten, aber Jesus sagte: „Zwei von euch gehen in das nächste Dorf. Dort steht eine Eselin mit ihrem Jungen, bringt es mir, und wenn euch jemand fragt, was ihr macht, sagt ihr: „Der Herr braucht es!" Zwei Jünger gingen in das Dorf und da standen sie tatsächlich. Sie holten das Junge und brachten es zu Jesus. Auf dem Weg sagte einer: „Mensch, in der Bibel steht: Der Messias kommt auf einem Esel nach Jerusalem. Jesus tut das jetzt auch." Als sie da waren, rief auch schon einer: „Der Messias ist da!" Jetzt hatten sich alle versammelt. Sie legten Jesus Kleider und Palmblätter auf den Weg. Jesus ritt zum Tempel, und schrie sich heiser: „Das ist ein Tempel und kein Marktstand, ein Gotteswerk!" Er schmiss alles um.

Und ging mit den Jüngern weg.
Die Gelehrten wollten ihn bestrafen.

Lukas Ringle

Das letzte Abendbrot

Noch einmal wollte Jesus mit seinen Freunden das Passamahl feiern. Er schickte Petrus, Judas und Johannes in die Stadt nach Jerusalem. Dort bereiteten sie alles vor: sie stellten Fladenbrot, Fleisch, bittere Kräuter, Wein, Fruchtmus und Salzwasser auf den Tisch. Am Abend kamen Jesus und die Jünger. Alle saßen zusammen beim Abendmahl. Jesus sagte: „Einer von euch wird mich verraten." Jeder der Jünger rief: „Niemals! Ich doch nicht!" Aber dann machte Jesus etwas ganz anderes. Er nahm das Brot, brach es in Stücke und teilte es mit den Jüngern. Er sprach ein Dankgebet zu Gott und sagte: „Esst das, das ist mein Leib. So werde ich auch sterben. Aber ich werde immer bei euch sein." Dann nahm er den Becher mit Wein. Den gab er herum und sagte: „Trinkt aus dem Becher, das ist mein Blut." So aßen sie zusammen. Nur Judas tauchte sein Brot nicht in die Schüssel. Er ging früher weg als die anderen.

Pascal Fleun

Im Garten Gethsmane

Kristina Tholl

Jesus und die Jünger gehen in den Garten Gethsemane. Es ist schon fast dunkel. Jesus hat Angst. Das merkt man ihm an. Da sagt Petrus: „Du musst keine Angst haben. Ich bleibe bei dir." Jesus schaut ihn traurig an und sagt: „Nein, Petrus, bevor der Hahn kräht, wirst du mich dreimal verraten haben." Petrus antwortet aber: „Ich? Nein Jesus, da hast du den Falschen genommen. Ich werde dich nicht verraten!" Darauf folgt tiefes Schweigen. Dann sagt Jesus: „Ich gehe noch ein bischen weiter in den Garten. Da will ich beten. Bleibt wach und betet ihr auch." Jesus geht. Er kniet sich auf die Erde und betet: „Vater warum muss ich sterben? Ich bin doch noch so jung. Womit habe ich das verdient?" Nach einer Weile steht Jesus wieder auf und geht zu den Jüngern. Als er zu ihnen kommt, schlafen sie. Jesus weckt sie auf und bittet sie: „Bleibt doch noch ein bischen wach und betet mit mir. Mir geht es so schlecht." Das versprechen die Jünger. Aber als Jesus um die Ecke gegangen war, waren sie schon wieder eingeschlafen. Hinter einem Busch kniet Jesus und ruft: „Vater, ich habe solche Angst!" Da kommt Judas mit einer Truppe Soldaten. Judas zeigt auf Jesus: „Das ist er!" Und die Soldaten nehmen Jesus gefangen.

Vor Gericht

Jesus vor dem Hohen Rat

Luisa Striegel

Sie brachten Jesus zum aller obersten Priester. Er fragte Jesus: „Hat Gott dich geschickt? Bist du Gottes Sohn?" Jesus antwortete: „Ja." Der oberste Priester und alle anderen Richter sagten: „Habt ihr das gehört? Er macht sich schon selbst zu Gottes Sohn. Unerhört! Jesus muss sterben." Der oberste Priester ärgerte sich so, dass er seinen goldenen Mantel zerriss. Ein Diener wollte schnell einen neuen Mantel holen. Im Hof hatte sich Petrus hinter einer Säule versteckt. Er fror. Langsam ging er immer näher an das Feuer zu den Knechten und Mägden. Einer sagte: „Du gehörst doch auch zu Jesus." Petrus schüttelte den Kopf und ging schnell wieder hinter die Säule. Da schaute ihm eine Magd ins Gesicht. Sie sagte: „Ich kenne dich. Du warst auch bei Jesus." Petrus sagte: „Nein, ich kenne ihn noch nicht mal." Da sagte eine Frau: „Du redest wie Jesus. Du bist doch aus Galiläa." Petrus schrie: „Ich kenne ihn nicht!" Da krähte der Hahn. Blitzschnell fiel Petrus da ein, was Jesus gesagt hatte: „Wenn der Hahn kräht, hast du mich drei mal verraten." Petrus fing an zu weinen und rannte weg.

Jesus vor Pilatus

Sie bringen Jesus zum römischen Stadthalter Pilatus. Nur Pilatus darf jemanden zum Tod verurteilen. Und am liebsten wollen sie, dass Jesus stirbt. Sie sagen zu Pilatus: „Der da will König der Juden sein!" Die bösen Soldaten ziehen Jesus einen schmutzigen roten Mantel an und setzen ihm eine Krone aus Dornen auf. Sie peitschen ihn und machen sich über ihn lustig. Pilatus will Jesus lieber frei lassen. Er sagt zum Volk: „Wen soll ich frei lassen - diesen armen Jesus hier, oder den bösen Barabbas, den Mörder?" Aber das Volk schrie: „Wir wollen diesen König nicht. Wir wollen Barabbas!" Ja, und was soll ich mit Jesus tun?" fragte Pilatus. Kreuzige ihn! Kreuzige ihn!" schrien die Menschen. Da sagte Pilatus: „Ich habe es versucht. Aber ihr wollt es so: er soll gekreuzigt werden."

Katharina Funk

Gekreuzigt

Jesus trug den schweren Querbalken durch die engen Straßen und Maria Magdalena schlich sich hinterher. Plötzlich brach Jesus unter dem Querbalken zusammen. Da kam ein Bauer mit seinem Wagen und der Soldatenhauptmann sagte zu dem Bauern: „Du bist doch stark, hebe diesen Querbalken bis zu dem Berg Golgatha." Der Bauer gehorchte und Jesus ging mit krummem Rücken neben dem Bauern weiter. Als sie angekommen waren, machten Männer das Kreuz fertig. Dann hat einer der Männer Jesus geholt und ans Kreuz genagelt. Jesus rief um Hilfe. Maria Magdalena konnte es nicht fassen. Manche Leute lachten aber manche weinten auch. Dann fing Maria auch an zu weinen. Auf einmal hörte Maria eine Stimme neben sich, es war der Hauptmann. Er sagte: „es war wirklich Gottes Sohn." Als Jesus gestorben war holten sie ihn und legten ihn in eine Höhle mit einem dicken Stein davor.

Lena

Jesus, der Auferstandene

Jesus lebt

Anja Jung

Am ersten Tag nach dem Passafest ging Maria von Magdala schon früh am Morgen mit Maria, der Mutter von Jakobus und Salome in die Stadt. Sie wollten das teuerste Öl kaufen. Damit wollten sie Jesus einbalsamieren. Als sie das Öl gekaufen hatten, fragte Salome plötzlich: „Wie bekommen wir eigentlich den großen Stein da weg?" Maria von Magdala antwortete: „Wir können ja starke Männer rufen." Da sagte Maria, die Mutter von Jakobus: „Wir können ja auch noch überlegen, wenn wir da sind!" Als sie angekommen waren, war der Stein nicht mehr da. Die drei Frauen wunderten sich. Sie fürchteten sich auch. Maria von Magdala fragte: „Sollten wir mal schauen?" Salome sagte: „Ja, aber wir müssen vorsichtig sein!" Sieschlichen Treppe hinunter. Sie waren ängstlich. Salome flüsterte: „Da sitzt ein Mann. Soll ich ihn mal fragen, was er hier macht?" Maria, die Mutter von Jakobus sagte: „Ja, mach mal." Aber Salome traute sich nicht. Da fragte aber Maria von Magdala: „Wo ist Jesus?" Der Mann sagte: „Jesus lebt. Er ist nicht hier! Geht zu den anderen und erzählt es ihnen." Da rannten sie ganz schnell weg und sagten aber niemandem etwas davon. So eine Angst hatten sie.

Jesus lebt

Sarah Oesch

Maria Magdalena geht früh am Morgen nach dem Passafest los. Sie geht und geht und ist sehr traurig. Auf dem Weg zu Jesus Grab denkt sie: Ach, ich habe den Stein vor der Grabhöhle ganz vergessen. Naja, darüber kann ich mir nachher Gedanken machen. Sie geht in ein Geschäft und kauft das Öl, das sie sieht. Dann geht sie zum Grab. Aber als sie dort ankommt, sieht sie: der Stein liegt ja daneben auf der Seite. Sie bleibt stehn. Langsam und vorsichtig geht sie auf Zehenspitzen die Treppe hinunter in die Grabhöhle. Aber da, wo der tote Jesus eigentlich liegen sollte, da sitzt ein Mann. Der Mann hat ein weißes Gewand an. Und die Tücher, in die sie Jesus eingewickelt hatten, liegen einfach so rum. Jetzt erst merkt Maria: Es ist ein Engel! Der Engel sagt: „Hab keine Angst. Ich tue dir nichts."
"Maria Magdalena rennt vor lauter Angst aus der Grabkammer. Draußen merkt sie, dass jemand hinter ihr

stehet. Sie denkt, es ist der Gärtner und sagt: „Hast du den toten Jesus weggetragen? Sag mir wo er ist. Ich will ihn doch noch eincremen." Aber da hört sie, wie er sagt: „Maria." „Das ist ja Jesus!" denkt sie, und stürzt sich auf ihn, weil sie ihn umarmen will. Aber Jesus sagt ganz schnell: „Las das! Mich kann man nicht mehr umarmen. Ich bin jetzt ganz anders. Geh zu den anderen und erzähle ihnen, dass ich nach Hause zu meinem Vater gehe. Ich bin nicht mehr tot." Maria rennt zu den anderen, aber ob die ihr geglaubt haben? Als sie nach Hause geht, sieht sie auf einer Wiese, wie kleine gelbe Blumen zu blühen angefangen haben. Und sie denkt: "Alles wird neu. Ja, er ist auferstanden"

Sarah

Auf dem Weg nach Emmaus

Die Freunde von Jesus haben Maria nicht geglaubt,
dass Jesus lebt. Nachmittags gingen zwei Freunde dann
nach Emmaus. Traurig erzählten sie sich, wie es war
mit Jesus. Plötzlich ging einer neben ihnen. Sie kannten
den Mann nicht. Er fragte: „Warum seid ihr so traurig?"
Sie fragten: „Weißt du nicht, dass Jesus gestorben ist?"
Und der Mann sagte: „Nein, was ist den passiert?" Und
sie erzählten alles, was passiert ist. Aufmerksam hörte der
Mann zu. Auf einmal waren sie in Emmaus angekommen.
Sie fragen den Fremden: „Willst du nicht noch mit uns ins
Wirtshaus? Hast du Hunger? Willst du mit uns essen?
Es wird schon Abend." Der Mann sagte: „Wieso
nicht? Gerne!" Und als sie am Tisch saßen, kam auch
schon der Wirt und brachte Brot und Wein. Der
Fremde nahm das Brot, hob es hoch, sagte: „Danke
Gott, für dieses Brot." Dann hat er es in der Mitte
durchgebrochen und jedem ein Stück gegeben. Da plötzlich
merkten sie: „Jesus ist das ja! Aber schon war er weg.
einer der Freunde sagte: „Die Maria hatte doch recht!"
Dann sind sie ganz schnell zurück gerannt.

Tatjana

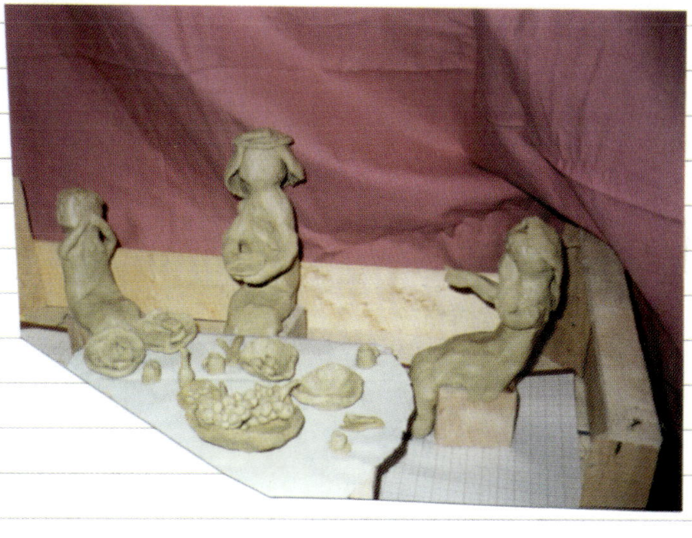

Eine freudige Nachricht breitet sich aus

148

Der Heilige Geist kommt

(Pfingstgeschichte nach Apostelgeschichte 2)

Jerusalem ist voller . Fromme Juden aus aller  sind gekommen. Sie feiern das Pfingstfest.

Die Jünger sind alle zusammen in einem . Sie beten miteinander. Maria, die Mutter von , ist auch dort und die Brüder und noch viele Männer und Frauen, die zu  gehören.

Auf einmal hören sie ein mächtiges Rauschen. Es ist, als ob ein Sturm vom  braust. Dann sehen sie ein , das wie  leuchtet. Es zerteilt sich in viele Flammen.

Sie setzen sich auf jeden von ihnen und erwärmen ihre

 . So kommt der Heilige Geist zu ihnen. Sie

loben und preisen Gott.

Viele haben das Rauschen gehört. Sie laufen zusammen

und wollen wissen, was geschehen ist. Sie staunen: Jeder

hört die Jünger in seiner eigenen Sprache reden.

Petrus kommt aus dem . Er spricht zu den 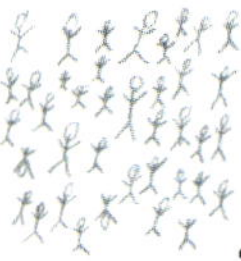:

„Wundert euch nicht! Das hat Gott getan."

Petrus erzählt ihnen: „Ihr wisst,  ist am 

gestorben und wurde ins Grab gelegt. Aber er lebt!

Wir haben es selbst gesehen. Gott hat  vom Tod auferweckt. Jetzt ist er bei Gott. Er hat uns den Heiligen Geist geschickt."

Dann sagt Petrus: „Glaubt an  und kommt zu uns! Lasst euch taufen."

Viele kommen herbei. Sie lassen sich taufen. Sie bleiben zusammen und danken Gott.

Sie sind wie eine große .

Legende:

 Menschen,  Welt,  Haus,

 Jesus,  Himmel,  Licht,  Feuer,

 Herzen,  Kreuz,  Familie.

(Die Bilder wurden gemalt von den Kindern des Kindergottesdienstes in Miesau, der Text stammt von Karin Jeromin aus der Kinderbibel ‚Komm, freu dich mit mir' von der Deutschen Bibelgesellschaft)

Paulus geht nach Europa

Paulus wanderte durch das Land und erzählte allen Leuten von Jesus. Viele hörten ihm zu und ließen sich von ihm taufen. Auch sie wollten Christen sein und nach den Geboten Gottes leben. Einige mochten Paulus nicht. Sie wollten ihm nicht zuhören und jagten ihn sogar weg.

Aber Paulus wußte, dass es nicht immer einfach sein würde. Er ließ sich nicht entmutigen und zog immer weiter, durch Berge, Täler und Wüsten. Und überall, wo er Menschen traf, erzählte er von Gott. Er musste auch nicht mehr allein wandern, denn er traf Silas, der auch an Gott glaubte und ihn auf seinen Wanderungen begleitete.

Paulus und Silas wußten oft nicht, wohin sie gehen würden. Sie vertrauten auf Gott, der ihnen den richtigen Weg zeigen würde. So wunderten sie sich nicht, als eines Tages ein Mann sie einlud, mit dem Schiff nach Europa zu fahren. Da wußte Paulus, dass das eine weitere Aufgabe von Gott sei. Er wollte nach Europa gehen und auch dort den Menschen von Gott erzählen. Und so fuhren Paulus und Silas auf dem Schiff des Mannes nach Europa.

Auf ihrer Reise kamen Paulus und Silas auch in die Stadt Philippi, wo sie vielen Leuten von Gott erzählten. Sie trafen dort eine Frau namens Lydia, die sich auch taufen ließ und sie in ihr Haus einlud. Dort bewirtete sie Paulus und Silas und alle freuten sich.

In Philippi gab es aber auch Menschen, die sich über die Reden von Paulus und Silas ärgerten. Sie ärgerten sich so sehr darüber, dass sie Paulus und Silas festnahmen. Sie fesselten sie und schleppten sie in den tiefsten Kerker, in die dunkelste Zelle und ketteten sie an. So saßen Paulus und Silas alleine in der dunklen Zelle und keiner wollte sie wieder freilassen.

Die Bekehrung Lydias

Ich bin Lydia, und ich lebe in der Stadt Philippi. Philippi liegt in Mazedonien und es wohnen hauptsächlich Römer hier. Aber nicht nur, es leben auch Juden hier, zu denen auch meine Familie gehört.

Eigentlich bin ich Stoffhändlerin und stamme aus Thyatira, aber wir leben schon lange hier.

Wir Frauen treffen uns am Sabbat meist vor dem Tor am Fluß zum Gebet. So auch dieses Mal. Nur trafen wir dieses Mal zwei Fremde, die sich als Paulus und Silas vorstellten. Sie erzählten von Jesus und seinen Anhängern, seinem Leben und seinen Lehren. Das war so überzeugend, dass ich mich auch taufen ließ. Anschließend lud ich die beiden ein, Gast in unserem Haus zu sein.

1.Ein Minister aus Afrika fährt nach Jerusalem(Timo).

2.Er geht an den Tempel, weil er was über Gott wissen will(Moritz).

3.Er kauft sich ein Buch über Gott(Christian).

4.Er fährt zurück und liest sein Buch(Jonas).

5.Er versteht das Buch nicht. Jetzt ist er traurig(Sarah).

6.Am Straßenrand steht Philippus(Hannah).

7.Der Wagen hält an und Philippus steigt ein(Jennifer).

8.„Kapierst du das Buch?“ fragt Philippus. Der Minister sagt: „Nein!“(Jannik)

9.Philippus erzählt von Jesus und von Gott(Doris).

10.„Ich will auch getauft werden."(Sören)

11.Philippus tauft den Minister(Claire).

12.Der Afrikaner fährt nach Hause und ist ganz froh(Tim).

Verzeichnis der Bibelstellen

1.	Die Schöpfung (1)	1. Mose 1, 1 - 2, 4a
2.	Die Schöpfung (2)	1. Mose 1, 1 - 2, 4a
3.	Eine andere Schöpfungsgeschichte	1. Mose 2, 4b - 25
4.	Die Menschen müssen das Paradies verlassen	1. Mose 3
5.	Noah	1. Mose 6 - 9, 17
6.	Die Menschen wollen einen Turm bauen	1. Mose 11, 1 - 9
7.	Gott ruft Abraham	1. Mose 12, 1 - 9
8.	Streit mit Lot	1. Mose 13
9.	Josef	1. Mose 37
10.	Josef in Ägypten	1. Mose 39 - 41
11.	Mose	2. Mose 2
12.	Mose bekommt einen Auftrag	2. Mose 3 und 4
13.	Die zehn Plagen	2. Mose 7 - 11, 1
14.	Durch das rote Meer	2. Mose 13 ,17 - 15, 21
15.	Die Regeln von Gott	2. Mose 19 - 24
16.	Das goldene Kalb	2. Mose 32
17.	Samuel salbt Saul	1. Samuel 9- 10
18.	Elija	1. Könige 17 - 19
19.	Elisa und die Witwe (Moritat)	2. Könige 4, 1 - 37
20.	Jona mal etwas anders	Jona
21.	Jona	Jona
22.	Jeremia	Jeremia 1,7 26 - 29,36 - 38
23.	Jesu Geburt	Lukas 2, 1- 20
24.	Die Weihnachtsgeschichte nach Lukas ins Heute erzählt	Lukas 2, 1- 20
25.	Der 12-jährige Jesus im Tempel	Lukas 2, 41 - 52
26.	Jesus lässt sich taufen	Lukas 3, 1 - 22
27.	Jesus wird versucht	Matthäus 4, 1 - 11
28.	Die Hochzeit zu Kana	Johannes 2, 1 - 11

29. Jesus heilt einen Aussätzigen	Lukas 5, 12 - 16
30. Jesus heilt an einem Sabbat	Lukas 13, 10 - 17
31. Alle werden satt	Markus 6, 32 - 44
32. Der blinde Bartimäus	Markus 10, 46 - 52
33. Der blinde Bartimäus	Markus 10, 46 - 52
34. Zachäus	Lukas 19, 1 - 10
35. Zachäus	Lukas 19, 1 - 10
36. Im Sturm	Lukas 8, 22 - 25
37. Der barmherzige Samariter	Lukas 10, 25 - 37
38. Das Opfer der armen Witwe	Lukas 21, 1- 4
39. Jesus und die Kinder	Markus 10, 13 - 16
40. Jesus zieht in Jerusalem ein	Lukas 19, 28 - 40
41. Das letzte Abendmahl	Lukas 22, 14 - 23
42. Im Garten Gethsemane	Matthäus 26, 36 - 56
43. Vor Gericht	Matthäus 27, 57 - 75
44. Jesus vor Pilatus	Matthäus 27, 1 - 31
45. Gekreuzigt	Matthäus 27, 32 - 66
46. Jesus lebt	Mk 16 , 1 - 7
47. Jesus lebt	Mk 16 + Joh. 20, 11 - 18
48. Auf dem Weg nach Emmaus	Lukas 24, 13 - 35
49. Gott schenkt seinen heiligen Geist	Apostelgeschichte 2, 1 - 41
50. Paulus geht nach Europa	Apostelgeschichte 16, 6 - 34
51. Die Bekehrung Lydias	Apostelgeschichte 16, 11 - 15
52. Der erste Afrikaner wird getauft	Apostelgeschichte 8, 26 - 39

Index:

Noah

Bunt- und Filzstiften

Kindergottesdienst Ev. Pauluskirche Neustadt-Hambach

Seite: 23

Svenja Rudolph, Paul Hornberger, Clemens Schöps, Marc-Henrik Woop, Jerome Farber, Alena Buschlinger, Annika Hornberger

Die Menschen wollen einen Turm bauen

Theaterstück

Die Kinder im Mini-Gottesdienst in Massweiler

Seite: 27

Gott ruft Abraham

Collage

KI-GO Kinder Lambsborn

Seite: 35

Lena, Paula, Fabian, Jonas, Manuel, Benjamin, Dana, Caroline, Katrin, Eric, Marina, Timo, Lena, Keven, Christina, Jan

Streit mit Lot

Stiftzeichnungen

Kindergottesdienst Ev. Pauluskirche Neustadt-Hambach

Seite: 39

Nicole, Anne-Christin Nickel, Marc-Henrik Woop, Benedikt Kehl, Alexander Poh, Sebastian Kirchner, Anna Schöps, Jonathan Mandelbaum, Alena Buschlinger, Sandra Beer

Josef

Radierungen

Kinder der protestantischen Kindertagesstätte Einöd

Seite: 44

Josef in Ägypten

Radierungen

Kinder der protestantischen Kindertagesstätte Einöd

Seite: 50

Josefs Brüder in Ägypten
Kacheln
Kinder der protestantischen Kindertagesstätte Einöd
Seite: 52

Mose im Körbchen
Buntstifte und Wasserfarben
Kindergottesdienst Rülzheim
Seite: 56

Mose bekommt einen Auftrag
Collage mit verschiedenen Materialien
Rodalben
Seite: 57

Die zehn Plagen
Collage
Kindergottesdienst Rülzheim
Seite: 58

Durch das rote Meer
Bleistift
Kindergottesdienst Rülzheim
Seite: 60

Die Regeln von Gott
Ziegeln
Kindergottesdienst Eisenberg und Steinborn
Seite: 61

Das goldene Kalb
Wasserfarben
Kindergottesdienstgruppe Herxheim
Seite: 62
Martin Schnitzbauer, 4 Jahre

Samuel salbt Saul

Wasserfarben

Kindergottesdienst Herxheim

Seite: 63

Marie Schnitzbauer, 4 Jahre

Elija

Collage mit verschiedenen Materialien

Kindergottesdienst der Kirchengemeinden Billigheim-Mühlhofen und Ingenheim-Appenhofen

Seite: 65

Elisa und die Witwe (Moritat)

Lied

Kindergottesdienst Mörzheim

Seite: 70

Jona mal etwas anders

Tonpapier

Kindergottesdienst Ev. Pauluskirche Neustadt-Hambach

Seite: 71

Jona

Kleistertechnik mit Holzbeizfarben

Kindergottesdienst Einöd

Seite: 74

Deborah Rust, Simon Heinzel, Volker Zimmermeier, Gregor Zimmermeier

Jeremia

Eine Unterrichtseinheit mit verschiedenen Materialien

Gesamtschule Gersheim

Texte: Janina Weyrich, Lukas Lizzi, Jens-Michael Grünagel, Elisabeth Linder, Michelle Mauz, Alin Knauf, Anne Köhler, Julia Schuhmann, Tim Fischer

Seite: 76

Jesu Geburt
Fensterbilder
Kindergottesdienst Lambsborn
Seite: 87

Die Weihnachtsgeschichte nach Lukas ins Heute erzählt
Tonfiguren
Konfirmandengruppe 2, 2002, Einöd
Seite: 90
Lisa König, Carolin Hisgen, Luise Burger, Dorothée Fiene, Verena Kühnreich, Sylvia Matitschka, Kerstin Lehnen

Der 12-jährige Jesus im Tempel
Buntstifte
Kindergottesdienstgruppe Herxheim
Seite: 104
Nicolas Boltz, 10 Jahre

Jesus lässt sich taufen
Buntstifte
Kindergottesdienstgruppe Herxheim
Seite: 107
Nicolas Boltz, 10 Jahre

Jesus wird versucht
Collage mit verschiedenen Materialien
Kindergottesdienst Jockgrim
Seite: 108

Die Hochzeit zu Kana
Collage
Kindergottesdienst Stambach
Seite: 111

Jesus heilt einen Aussätzigen
Wasserfarben
Kindergottesdienstgruppe Herxheim
Seite: 113
Marie Schnitzbauer, 4 Jahre

Jesus heilt an einem Sabbat
Buntstifte
Kindergottesdienstgruppe Herxheim
Seite: 114
Dounia Biedermann, 8 Jahre

Alle werden satt
Wasserfarben
Kindergottesdienstgruppe Herxheim
Seite: 115
Marie Schnitzbauer, 4 Jahre

Der blinde Bartimäus (1)
Zeichnungen
Kindergottesdienst Wollmesheim
Seite: 116

Der blinde Bartimäus (2)
Kinderkino mit Tapetenrolle (Wasserfarbe)
Prot. Kindertagesstätte Regenbogen Bad Bergzabern
Seite: 117
Jana Ziegler, Pierre Perronnet, Marie Perronnet, Viktoria Baidinger, Alina Lemke, Arthur Konrad

Zachäus (1)
Lied- Diskussion
Bild Marie und Martin Schnitzbauer 4 J.
Seite: 118

Zachäus (2)
Lied
Grundschule Breitfurt, Klasse 3a und 3b
Seite: 120

Im Sturm
Collage mit verschiedenen Techniken
Kindergottesdienst Stambach
Seite: 121

Der barmherzige Samariter
Buntstifte
Kindergottesdienst Herxheim
Seite: 124
Elvira Kramer, 14 Jahre

Das Opfer der armen Witwe
Buntstifte
Kindergottesdienstgruppe Herxheim
Seite: 125
Marie und Martin Schnitzbauer, beide 4 Jahre alt

Jesus und die Kinder
Theaterszene als Fotomontage
KindergottesdienstKinderMorgen in Rieschweiler
Seite: 126

Jesus zieht in Jerusalem ein
Getöpferte Szenen
Lukas Ringle, Grundschule Breitfurt
Seite: 129

Auf dem Weg nach Emmaus

Getöpferte Szenen

Tatjana Spagnuolo, Grundschule Breitfurt

Seite: 146

Der Heilige Geist kommt

Bilder-Rätsel

KiGoDi Miesau

Seite: 149

Paulus geht nach Europa

Wasserfarben

Kindergottesdienstgruppe Herxheim

Seite: 154

Marie Schnitzbauer, 4 Jahre

Martin Schnitzbauer, 4 Jahre

Die Bekehrung Lydias

Wasserfarben

Kindergottesdienstgruppe Herxheim

Seite: 156

Marie Schnitzbauer, 4 Jahre

Der erste Afrikaner wird getauft

Wasserfarben

Klasse 2/I der Grundschule Breitfurt

Seite: 157

Jonas Becker, Tim Bex, Jenny Blon, Moritz Brengel, Sören Brengel, Doris Gorodezkaj, Claire Hittinger, Sarah Horst, Jennifer Klein, Hannah Kolb, Timo Orditz, Christian Paulssen, Jannik Weinland